白银市第九中学校本教材

走进物理

主　编：马彦军　姚　强

编委会：邱双来　张永恭　张双十　李奋山

　　　　李守业　佟永锋　张天太

甘肃科学技术出版社

甘肃·兰州

图书在版编目（CIP）数据

走进物理/马彦军,姚强主编.-- 兰州:甘肃科
学技术出版社，2014.2 (2024.6 重印)
ISBN 978-7-5424-1958-3

Ⅰ.①走… Ⅱ.①马… ②姚… Ⅲ.①中学物理课一
高中－教学参考资料 Ⅳ.①G634.73

中国版本图书馆 CIP 数据核字(2014)第 024871 号

走进物理

马彦军 姚 强 主编

责任编辑 何晓东
封面设计 兰州晶彩

出 版 甘肃科学技术出版社
社 址 兰州市城关区曹家巷1号 730030
电 话 0931-2131575 （编辑部） 0931-8773237 （发行部）

发 行 甘肃科学技术出版社 印 刷 天津市天玺印务有限公司
开 本 710mm×1020mm 1/16 印 张 11 字 数 192 千
版 次 2014 年 2 月第 1 版
印 次 2024 年 6 月第 3 次印刷
印 数 4001～6500
书 号 ISBN 978-7-5424-1958-3
定 价 49.80 元

前　言
PREFACE

为了帮助我校学生提高学习物理的兴趣，掌握基本的物理学习方法与技巧，我们根据普通高中课程标准实验教科书物理的体系和课标要求编写了这本书,供高一、高二阶段开设校本课程之用。本书共分三章:

第一章　物理学漫谈:介绍我国历代对物理的研究及取得的成就,激发学生的民族自豪感。以时间为顺序介绍物理学发展史,使学生对所学物理的全貌有一个粗浅的了解。补充介绍教材上出现的科学家的生平、成就、趣事等,重点介绍光辉的思想和坚持不懈的毅力。让学生在趣事的诱导下了解物理学家科学的思维方法,培养其科学态度和科学精神。介绍物理的现状,展望物理学发展的前景，介绍全球最杰出的十大科学家及物理学史上最辉煌的十大实验等。在满足学生好奇心理的情况下,既扩展了知识面又能激发对物理学的兴趣。

第二章　物理学法指导:主要通过高中物理入门篇,学习篇,总结提高篇三个篇章介绍学习物理的方法。

入门篇主要通过对初、高中物理教材的比较,分析学习过程中产生问题的原因，最后给出了学好物理的可行方法。学习篇先以学习习惯的培养为主,介绍了基本物理思想方法,最后通过生活实例和物理小实验引导学生探究物理难点,增强对知识点的理解。总结提高篇介绍了以夯实双基为目标的基础知识复习方法,以归纳总结、提高能力为目标的专题复习方法。

第三章　物理与生活:以"关注生活、勇于探究、学以致用、促进发展"为宗旨,以拓宽学生的视野,增长学生的见识为目的,简单介绍了物理与体育、物理与交通、物理与家电、物理与医学、物理与航天等一些与物理有关的实际应用。让学生感到物理离我们很近，物理就在我们身边，并会从日常生活生产中发现物理知识，能应用物理知识改善我们的生活，并联系近几年来的高考试题给予解读。

　　因时间仓促，水平有限，错误和不妥之处，欢迎同行们批评指正并提出宝贵意见。更加希望同学们能提出建议，以利于修改和完善。

2013年11月

目　录
CONTENTS

第一章 物理学漫谈

第一节 简介我国物理学的成就

一、古代物理学成就辉煌

我国古代劳动人民在应用重心原理方面取得了相当高的成就，值得我们敬佩与自豪。在西安半坡村等仰韶文化遗址中出土了许多尖底汲水陶罐，它们距今已有6000年的历史了。这种陶罐口小、腹大、底尖，如图所示。两侧有系绳的耳攀，是一种盛水的工具，大约能盛1~1.5千克水。空提时重心略低于耳攀，因此罐口是向上的。浸到水中时，由于浮力与重力不在同一直线上，罐便倾倒。待装满水后，罐又直立起来。倒水时，只需将罐的底部向上抬起，使水流出。水一旦流出，罐和水的合重心便处于耳攀之下，即便手不扶住罐也不会回复，直到水流完为止，此后重心又回到原空罐时的位置，空罐自动复位，开口向上。

后来，将这种陶罐略加改型，制成一种盛酒的祭器，叫作欹（qi）器。欹是歪斜的意思，古人用"虚则欹、中则正、满则覆"来说明这种器具的特点。

思考与讨论

你能否用图示法较为详细地说明欹器的工作过程,试试看。

公元前316年,蜀守李冰修建都江堰,"正面取水,侧面排沙",其飞沙堰工程巧妙地利用了弯道环流,说明当时测河水流量、了解泥沙规律等水力学知识及水利工程已有相当的水平,成都平原2000多年来始终受益。

传为齐人著的《考工记》,是记录我国古代农具、兵器、乐器、炊具、酒具、水利、建筑等古代手工艺规范的专著,其中惯性现象的记述:"马力既竭,辀(zhōu,指车辕)犹能一取焉",意思是马拉车时马已停下来不再对车施拉力,但车辕还能继续前进一段路。表明当时对惯性已有认识。箭羽影响箭飞行速度的关系(后弱则翔,中强则扬,羽丰则迟),这是世界上探讨飞行稳定性的最早历史记载。以及堤坝设计的经验尺寸等,都反映了我国当时的生产技术水平和经验知识水平。

《管子》是中国古代的学术典籍之一,内容比较庞杂,涉及政治、经济、法律、军事、哲学、伦理道德等各个方面。写作年代大抵始于战国中期直至秦、汉。在其《管子·地数》中载:"山上有慈石(即磁石)者,其下有铜金"。这是世界上有关磁石的最早记载之一,说明春秋战国时我国人民对磁石的性质已有了一些了解。

墨子(约公元前468—前376年),名翟,中国先秦墨家学派创始人,中国战国时期著名思想家、科学家。他曾提出"兼爱""非攻"等观点,创立墨家学说,并有《墨子》一书传世。墨学在当时影响很大,与儒家并称"显学"。墨家的著作《墨子》在物理学方面有许多重要成就。《墨经》中有关于力、力系的平衡和杠杆、斜面等简单机械的论述,记载了关于小孔成像和平面镜、凹面镜、凸面镜成像的观察研究,首先提出光是直线前进的观点,是世界上最早的几何光学著作之一。《墨经》给力下了比较科学的定义:"力,刑(形)之所以奋也。"《墨子·备穴》还载有固体传声和共鸣现象的应用等声学知识。

韩非(约公元前281—前233年),生活于战国末期,为中国古代著名法家思想的代表人物。《韩非子》是韩非的著作总集,又称《韩子》。在《韩非子·有度》中载有"先王立司南端朝夕",这是关于"司南"的最早记载。

鬼谷子,姓名王诩,战国时代卫国人。主要著作有《鬼谷子》及《本经阴符七术》。民间称其为王禅老祖,是"诸子百家"之一,纵横家的鼻祖,也是位卓有成就的教育家。经常进入云梦山采药修道。因隐居清溪鬼谷,所以称鬼谷子先生。苏秦、张仪、孙膑、庞涓为其弟子。《鬼谷子·谋》中有"郑人之取玉也,载司南之车,为其不惑也"的记载。这是"司南"指示方向的最早记载。

《吕氏春秋》是战国末年(公元前239年前后)秦国丞相吕不韦召集诸门客集体编撰的,又名《吕览》。吕不韦自己认为其中包括了天地万物古往今来的事理,所以号称《吕氏春秋》。《吕氏春秋·精通》中有:"慈石召铁,或引之也"的记载。这是世界上关于磁石吸铁的最早记载之一。

秦始皇统一全国度量衡,对我国古代的生产和科学技术的发展起了重要作用。当时采用商鞅方升作为标准量器,标准量器的制作和检定已相当精确,对现存的量器的测定表明,误差在1%以内。

公元前2世纪的《淮南万毕术》中载有我国关于透镜聚焦的最早记载。《淮南万毕术》中还有关于人造磁体的最早记载以及磁体同性相斥的记载。《淮南万毕术》记述了这样一个现象:把盛水铜瓮加热,直到水沸腾时密闭其口,急沉入井中,铜瓮发出雷鸣般响声。这一现象可能是发热物体在急速冷却时发生了内破裂,破裂声由井内传出,这是一个典型的热胀冷缩现象。

西汉时我国已有原始的潜望镜的记载。西汉末年,我国已有关于摩擦生电和尖端放电现象的记载。

东汉王充(公元27—约97年),是唯物主义思想家。重要著作《论衡》,流传下来的有84篇。在《论衡·是应》中有司南勺的记载。河南南阳东汉墓出土的石刻上有司南勺的图画。司南勺是指南针的前身。磁性指示方向器具的发明是我国古代人民的重大贡献。王充对声音的产生和传播已有了初步的认识,他在《论衡》中提出人声在气中的传播和水波相似的观点。

东汉王符(公元85—163年),字节信,安定临泾(今甘肃镇原)人,与当时名士马融、张衡等多有交往,是东汉时期著名的思想家。著有《潜夫论》十卷。明确地指出人的眼睛能看见物体是由于物体受到光的照射。

东汉时我国人民已应用虹吸管引水。

成书于东汉时代的《尚书纬·考灵曜》(著者不详,收入明代孙毂编纂的《古微书》卷一《尚书纬》),该书在提出"地有四游,冬至地上行北而西三万里,夏至地下行南而东三万里,春秋二分是其中矣"的同时,提出了著名论断:"地恒动而人不知,譬如闭舟而行,不觉舟之运也。"这种对运动相对性的观点,《考灵曜》比伽利略的《对话》至少早约1500年。此观点说明我国古代物理思想达到过的高度。

唐初,孔颖达(公元574—648年)在《礼记注疏·月令》中说明了虹的成因。他说:"若云薄漏日,日照雨滴则虹生"。唐代中叶的张志和(生卒年代不详)在《玄真子》卷下中说:"雨色映日而为虹""背日喷乎(呼)水成虹霓之状"。

《梦溪笔谈》是我国北宋大科学家沈括的传世著作。沈括在晚年用笔记文学体裁写成《梦溪笔谈》二十六卷,再加上《补笔谈》三卷和《续笔谈》,共列有条文六百零九条,遍及天文、数学、物理、化学、地学、生物以及冶金、机械、营造、造纸技术等各个方面,内容十分广泛、丰富,是中国科学史的重要著作。《梦溪笔谈》中所记述的许多科学成就均达到了当时世界的最高水平。英国著名科学史专家李约瑟称《梦溪笔谈》是"中国科学史上的坐标"。

《梦溪笔谈》中载:"方家以磁石磨针锋,则能指南,然常微偏东,不全南也。"这是关于利用天然磁体进行人工磁化以及地磁偏角的最早记载。西方到公元1205年法国人古约记载了用同样方法制造指南针,公元1492年意大利人哥伦布才发现地磁偏角。

《梦溪笔谈》中载有:"阳燧面洼,向日照之,光皆聚向内。离镜一、二寸,光聚为一点大如麻菽,著物则火发,此即腰鼓最细处也。"这是关于凹面镜焦点最早的明确描述。欧洲到公元1267年英国人培根(RogerBacon)才发现凹面镜的焦点。

公元1119年,北宋朱彧在《萍洲可谈》中第一次记载了指南针用于航海:"舟师识地理,夜则观星,昼则观日,阴晦观指南针。"我国是世界上最早应用指南针于航海的国家,西方公元1190年英国人纳肯(AlexanderNeckam)才有指南针用于航海的记载。

南宋赵友钦著的《革象新书》"小罅光景"中记载了他所作的光学实验,对视角、光的直线传播和照度有所研究,通过实验得出小孔成像的规律等的正确结论。他采取改变各种条件的方法来观察物理现象以寻找规律,这在当时是很可贵的。

公元1584年,明代朱载(公元1536—1614年)的《律吕精义》出版。这是世界乐律史上的重要著作。朱载经过精密计算和科学实验,创造了"新法密律",用等比级数平均划分音律,即近代乐器上通用的"十二等程律"。欧洲1636年法国人默森(MarieMersenne)才提出十二等程律。

公元1652年左右,明末清初的方以智(公元1611—1671年)在《物理小识》卷一中正确地解释了蒙气差(即大气折射)现象。

清初民间光学仪器制造家孙云球(约公元1628—1662年)曾制造过放大镜、显微镜等几十种光学仪器,并著有《镜史》(已佚)。清代黄履庄也曾制造过探照灯("瑞光镜")。欧洲公元1779年俄国人才制成探照灯。

公元1695年,清初刘献庭的《广阳杂记》卷一中写道:"磁石吸铁,隔碍潜通………唯铁可以隔之耳"。这是我国关于磁屏蔽的最早记载。

公元1796—1820年,清代女科学家黄履(生卒年代不详)曾制造"寒暑表"和"千里镜"。"千里镜于方匣上布镜四,就日中照之,能摄数里之外之影,平列其上,历历如绘"。即一种望远镜与取景器相结合的装置,也就是现代照相机的前身。

👁 说一说

历史上,中华民族以高度的智慧和能力通过各种各样的发明创造,为人类文明的发展作出了伟大的贡献。在16世纪之前相当长的一个时期中,中国科技领先世界。令人遗憾的是,中国近代物理学的起步比西方晚了200多年。你有何感想?

二、近代物理学成果喜人

1919年我国首次在北京大学设立"物理学系",开设完整的本科课程和实验。

1928—1929年,中央研究院物理研究所先后于上海和北京成立。

中国物理学会于1932年8月23日在清华大学正式成立。

1964年10月16日,中国自行研制的第一颗原子弹爆炸成功。

1966年10月27日,我国首次进行导弹核武器实验成功。

1967年6月17日,我国又成功爆炸了第一颗氢弹。

1970年4月24日,我国第一颗人造地球卫星在酒泉卫星发射中心顺利升空,"东方红"乐曲声响彻寰宇,宣告中国进入了航天时代。

1975年11月26日,首颗返回式卫星发射成功。

1981年9月20日,我国首次使用一枚火箭将3颗不同用途的卫星送入地球轨道,是第四个掌握"一箭多星"技术的国家。

1983年12月"银河-Ⅰ"巨型计算机诞生。

1984年4月8日,中国自行研制的试验通信卫星发射成功。

1988年10月北京正负电子对撞机建成,并首次对撞成功。北京正负电子对撞机建成和高效运行,为中国高能物理研究取得举世瞩目的成就,跻身于世界八大高能物理研究中心之一做出了重要贡献。

2003年10月15日上午9时整,中国自行研制的"神舟五号"飞船进入距地球343千米的太空预定轨道,于16日早晨6时23分安全返回,成为世界上第三个有能力独立进行载人航天活动的国家。中国宇航员杨利伟是中国航天第一人。"神舟五号"的成功航天是中华民族在攀登世界科技高峰征程上完成的一个伟大壮举,是继"两弹一星"之后我国科技发展的又一里程碑。

2005年10月12日,北京时间9时许,中国自主研制的神舟六号载人飞船,在酒泉卫星发射中心将两名中国航天员(费俊龙、聂海胜)同时送上太空。10月17日凌晨,神舟六号载人飞船返回舱在内蒙古安全着陆。我国仅用两年时间实现从神舟五号"一人一天"航天飞行到神舟六号"多人多天"航天飞行的重大跨越,标志着我国在发展载人航天技术方面取得了又一个具有里程碑意义的重大胜利。

2006年9月28日,中国耗时8年,耗资2亿元人民币自主设计、自主建造而成的新一代热核聚变装置EAST首次成功完成放电实验,获得电流200千安、时间接近3秒的高温等离子体放电。EAST成为世界上第一个建成并真正运行的全超导非圆截面核聚变实验装置。

2007年10月24日,中国首颗探月卫星"嫦娥一号"发射成功。

2008年9月25日,担负着中国航天史首次太空行走任务的神舟七号载人飞船从中国酒泉卫星发射中心载人航天发射场发射成功。

2010年8月,"天河一号"千万亿次超级计算机研制成功,在2010年11月世界超级计算机TOP 500排名中名列第一,实现了我国自主研制的超级计算机进入世界领先行列的历史性突破。

作业

1. 通过报刊杂志,互联网等途径了解我国北斗卫星导航系统的发展过程及应用领域。

2. 改革开放以来我国科技取得辉煌成就的原因是什么?

第二节 物理学现状及发展前景

一、科海拾贝

1. 最美丽的物理实验

最简单的仪器和设备,发现了最根本、最单纯的科学概念,这些"抓"住了物理学家眼中"最美的"科学之魂的实验,就像是一座座历史丰碑一样,人们长久的困惑和模糊顷刻间一扫而空,对自然界的认识更加清晰。令人惊奇的是这十大实验中的绝大多数是科学家独立完成,最多有一两个助手。所有的实验都是在实验桌上进行的,没有用到什么大型计算工具比如电脑一类,最多不过是把直尺或者是计算器。2002年9月美国《物理学世界》刊登了排名前十的最美丽的物理实验,其中大多数都是我们高中阶段能接触到的经典之作。这些实验是:

排名第一:托马斯·杨的双缝干涉应用于电子干涉的实验。

科学家们用电子流代替光束来做这个试验,说明粒子也有波的效应。

排名第二:伽利略的自由落体实验。

也就是著名的比萨斜塔实验,伽利略推断出重物与轻物应该下落得同样快。

排名第三:罗伯特·密立根的油滴实验。

密立根得出结论:电荷的值是某个固定的常量,最小的单位就是单个电子的带电量。

排名第四:牛顿的棱镜分解太阳光。

牛顿的结论是:白色光是由红、橙、黄、绿、蓝、靛、紫这些单色光复合而成的。

排名第五:托马斯·杨的光的干涉实验。

该实验说明光是一种波。

排名第六:卡文迪许扭矩试验。

测出了万有引力恒量的参数,在此基础上卡文迪许计算出地球的密度和质量。

排名第七:埃拉托色尼测量地球的周长。

将天文学与测地学结合起来,测量出地球周长的精确数值。

排名第八：伽利略的加速度(斜面)实验。

说明自由落体运动是匀加速直线运动。

排名第九：卢瑟福发现原子核的实验(α粒子散射实验)。

结论是：原子的全部正电荷和几乎全部质量都集中在一个中心小核上，现在叫作原子核，电子在它周围环绕。

排名第十：米歇尔·傅科钟摆实验。

傅科的演示说明地球是在围绕地轴自转的。

2. 英刊评出有史以来最杰出的十位物理学家

据新华社伦敦1999年11月29日电(记者毛磊)英国《物理世界》杂志新推出一期千年特刊，评选出了有史以来10名最杰出的物理学家，其中名列榜首的是"相对论之父"爱因斯坦。

该杂志在世界范围内对100余名一流物理学家进行了问卷调查。根据投票结果，十大物理学家中名列二至七位的分别为英国的牛顿和麦克斯韦、丹麦的玻尔、德国的海森伯格、意大利的伽利略和美国的费曼。英国的狄拉克和奥地利的薛定谔以同样的票数并列第八位，紧随其后的是新西兰籍物理学家卢瑟福。

在当代物理学家眼中，爱因斯坦的狭义和广义相对论、牛顿的运动和万有引力定律再加上量子力学理论，是有史以来最重要的三项物理学发现。

——以上内容来源于互联网

二、经典物理学的建立

经典物理学是高中阶段的主要学习内容。对经典物理学建立过程的了解有利于我们感悟什么是科学研究；有利于培养我们的创新意识，提高我们的科学素养；有利于我们从机械被动的学习向自主探索方向转化，这也与《课程标准》的要求相一致。物理(Physics)这个词是由希腊语自然(Physics)一词演变而来的。17世纪以前，人们把研究与自然现象有关的科学称为"自然哲学"，牛顿的经典著作就取名为《自然哲学的数学原理》。经伽利略和牛顿等人把观察实验和严密的数学推导相结合的方法引进自然哲学的研究后，才标志着物理学从哲学中分离出来，成为一门独立的科学。即用数学了解整个自然界的运动规律。牛顿力学体系建立后，经过18世纪的准备，物理学在19世纪获得了迅速和重要的发展。终于在19世纪末建成了一个包括力、热、声、光、电磁诸学科在内的，宏伟完整的理论体系。此时建立的物理学通常称为经典物理学。以经典力学、热力学和统计物理学、经典电动力学为三大支柱的经典物理学的发展达到了他的顶峰。下面以时间为顺序给同学们简要地做一介绍：

1. 经典力学的建立

力学是研究机械运动的规律及其应用的学科。人们通过生活和生产实践逐步认识了机械运动的规律。古代中国以《墨经》为代表的墨家总结了大量的力学知识，在第一章第一节已有叙述。在西方古希腊时代，以亚里士多德和阿基米德为代表的学者也发现了许多物理现象和规律。

亚里士多德（公元前384—前322年）是古希腊时期在科学界、哲学界影响最大的人物，是一位伟大的思想家，也是一位最博学的人物。主要观点有：①地球是圆的，是宇宙的中心；地球和天体是由不同的物质组成，地球上的物质是由土、水、火、气四种元素组成，天体是由第五种元素"以太"组成。②反对原子论，不承认有真空存在。③提出了比较系统的运动理论，第一，他认为物体只有在一个外来的推动者不断作用下，才能保持运动。如果推动者停止作用，那么物体就会立刻停下来。这就是我们后来所说的"力是产生运动的原因"。第二，他认为轻、重两个物体同时降落的话，重的物体比轻的物体下坠得快。这两个错误观点流传2000年之久，后来被伽利略纠正。

阿基米德（公元前287—前212年）是古希腊数学家、物理学家、发明家。他提出了比重的概念，发现了后来命名的阿基米德定律，研究了杠杆的平衡问题，找出了杠杆的平衡条件。叙述杠杆平衡的学说奠定了静力学的基础。

托勒密（约公元90—168年），相传他生于埃及的一个希腊化城市赫勒热斯蒂克。古希腊天文学家、地理学家和光学家。托勒密总结了希腊古天文学的成就，写成《天文学大成》十三卷，把各种用偏心圆或小轮体系解释天体运动的地心学说给以系统化的论证，后世遂把这种地心体系冠以他的名字，称为托勒密地心体系。是当时天文学的百科全书，直到开普勒的时代，都是天文学家的必读书籍。

虽然这些物理学知识尚属于科学的萌芽，但在科学发展史上应有一定的地位。

欧洲中世纪（公元5—15世纪），欧洲的物理学进展缓慢。公元5—8世纪这个时期称为黑暗时代，社会动荡，战争频繁，古希腊学术终结。《自然辩证法》一书指出："古代留传下欧几里得几何学和托勒密太阳系；阿拉伯流传下十进位制、代数学的发端、现代数字和炼金术；基督教的中世纪什么也没有留下。"这是恩格斯对科学史的评价。

公元8—11世纪，称为阿拉伯文化时期。地处东西方贸易交流纽带的阿拉伯,成为沟通东西方科学文化的桥梁。东方中国的智慧之光照耀世界,这一时期中国的科技水平处于领先地位。

塔比特(826—901年阿拉伯数学家、物理学家)写了一部研究杠杆的力学著作《杠杆的平衡》,他在该书中成功地证明了杠杆的平衡原理。

比鲁尼(973—1050年,阿拉伯地理学家、物理学家)研究过流体静力学与物体的瞬间运动与加速度,他不仅发现了光的传播速度快于声音,精确地测定了不同类型宝石的比重,并且为所有已知的复合物与物质元素建立了比重表,还正确地解释了喷泉与自流井的成因……

到11世纪,在欧洲大陆遗失已久的亚里士多德主义重回欧洲大陆,加上哲学思辨,后来发展为经院哲学,成为欧洲自然科学的发展的障碍。但是大量的东方文明传入欧洲,尤其是中国的四大发明极大地推动了欧洲文明的进程。火药摧毁了欧洲中世纪的城堡,指南针引导欧洲人去玩海,而造纸术加速了各国之间的文化交流和合作。

15世纪以后,欧洲开始了文艺复兴时期,随着资本主义生产关系的发展,商业、手工业、航海、纺织和军事工业逐渐兴起,力学这门学科随之得到了迅速发展。

达·芬奇(1452—1519年)意大利文艺复兴时期著名画家、科学家。反对经院哲学,鼓励人们到自然界中寻求知识和真理。他认为知识起源于实践,只有从实践出发,通过实践去探索科学的奥秘。他说"理论脱离实践是最大的不幸","实践应以好的理论为基础"。他提出的这一方法,后来得到了伽利略的发展,并由英国哲学家弗兰西斯·培根从理论上加以总结,成为近代自然科学的最基本方法。

弗兰西斯·培根(1561—1626年)英国著名的思想家、唯物主义哲学家和科学家。马克思称他是英国唯物主义和整个现代实验科学的真正始祖。第一个提出"知识就是力量"的人。培根尖锐地批判了经院哲学的脱离实际,强调观察和实验。

1543年波兰天文学家哥白尼的《天体运行论》出版,确立了"日心说"。

西蒙·斯蒂文(1548—1620年)荷兰工程师,物理学家。1587年用荷兰文写成《静力学原理》,书中突出的成就有:①永动机不可能原理和力的平行四边形法则。②落体实验:1586年斯蒂文和德格罗做了落体实验,在1605年发表:他们发现重的铅球与轻的铅球同时落到地面。

德国天文学家开普勒1594年发表《宇宙之谜》,1609年发表《新天文学》提出行星运动的第一、第二定律,1619年发表《世界的和谐》提出行星运动的第三定律,1627年完成《鲁道夫星表》的编制。开普勒三定律的重大意义:开辟了物理学中用数学方程表达物理定律的先例。

伽利略的贡献:①1609年自制天文望远镜,发现银河系是由大量恒星组成的,月亮表面有环形山。木星的4颗卫星;土星的光环等,发现太阳黑子,定出太阳自转周期。②否定亚里士多德的运动划分,提出自由落体定律。③通过理想实验,提出惯性运动概念,指出力是产生加速度的原因。④提出相对性原理。开创了科学实验方法,将实验、观察和理论思维相结合。

笛卡尔倡导用数学方法和演绎方法进行科学研究,不相信观察和实验。对力学的主要贡献有:①在1644年出版的著作《哲学原理》中,笛卡尔考察了运动产生的原因,把产生自然界运动的普遍原因归于上帝。他认为,上帝在创造物质的同时也创造了静止。由于其保持不断地作用,使当初给予的物质运动量保持在宇宙之中。物体运动的量用物体的大小和速度之积来度量。在这里,笛卡尔的"运动量"相当于动量,"运动量保持"相当于动量守恒,尽管"运动量"中没有涉及质量的明确定义和其本身的矢量性。动量明确的定义是以后牛顿给出的。②"如果物体处在运动之中,那么如无其他原因作用的话,它将继续以同一速度在同一直线方向上运动,既不停下也不偏离原来的方向。"伽利略提出了惯性运动的思想,笛卡尔则明确地表述了正确的惯性定律,并将它确立为整个自然观的基础。③提出了"旋涡"假说,认为宇宙中充满一种稀薄不可见的"以太",他们围绕各个天体形成不同的旋涡,带动天体旋转,并形成一个指向中心的作用,从而表现出引力现象。

惠更斯在物理学方面的成就:得出了离心力公式,提出了光的波动说。假设有人持铅球站在一块转盘的边缘,松开手之后,铅球沿切线飞出。利用伽利略对匀加速运动研究的结果, 他用几何方法计算出离心加速度等于线速度平方除以圆周半径v^2/r。根据离心力公式,惠更斯得出单摆周期公式。

1674年,胡克发表了《从观察角度证明地球周年运动的尝试》的论文,文中根据修正的惯性原理,从行星受力平衡观点出发,提出了行星运动的三条假设:

(1)一切天体都具有倾向其中心的吸引作用或重力,它不仅吸引其本身各部分,并且还吸引其作用范围内的其他天体。

(2)每一物体都保持平直、简单的运动而且继续沿直线前进,直到受到其他作用力影响,因而改变为圆、椭圆或其他曲线运动为止。

(3)受到吸引力作用的物体,越靠近吸引中心,其吸引力也越大。

胡克在1679年给牛顿的信中正式提出了引力与距离平方成反比的观点,他并没有将自己的引力思想用数学式子表示出来,但胡克的某些想法对牛顿完成万有引力的研究是起着积极的启示作用的。

1687年牛顿发表了《自然哲学的数学原理》，该书总结了力学的研究成果，标志着经典力学体系初步建成。这是物理学史上第一次大综合，是物理学、天文学、数学历史发展的必然产物，也是牛顿创造性研究的结晶。

《原理》分为两大部分，第一部分包含定义和动力学原理。在"定义和注释"中有8个定义（质量、动量、惯性、外力以及关于向心力的4个）和4个注释（主要叙述牛顿的时空观）。在"运动基本定理或定律"中主要是牛顿的第一、第二和第三定律，还有6个推论，其中包括力的合成与分解、运动迭加原理、动量守恒定律、力学相对性原理等。牛顿的第三定律——作用与反作用，是牛顿对力学基本原理最具创造性的贡献，因为只有牛顿明确地指出：一个孤立物体不能施力也不能受力，只有当两个物体相互作用时才产生力。第二部分是基本原理的应用，共包括三篇：第一篇是讨论万有引力和有心运动的，其中包括有心力场的保守性，二体运动及平面运动问题等。最后一章是关于光学的力学基础；第二篇是讨论物体在有阻力介质中的运动，其中包括物体在与速度有关的阻力作用下的运动、流体力学、液体和弹性介质中波的传播、旋涡的运动规律等；第三篇的总题目是"论宇宙系统"，是牛顿的天体力学理论，包括行星、卫星、彗星的运动，地面的落体运动、抛射体运动、岁差、潮汐现象等。

在牛顿之后，伯努利和欧勒等完成了刚体与流体动力学；达朗贝、拉格朗日以及哈密顿等建立了分析力学；1796年拉普拉斯完成了《天体力学》。使力学成为一门理论上、系统上较为严密、完整的学科。

经典力学是建立在绝对时间和绝对空间的框架上。把引力看作为直接的、即时传递的、超距的作用，物体的质量恒定不变，与物体的速度和能量无关，只适用于低速宏观的范围，不适用于高速微观领域。

——主要参考：江西师范大学 物理与通信电子学院物理系 雷敏生编
《物理学史讲义》

2. 热力学和统计物理学的建立

热学是物理学的一部分，它研究热现象的规律。用来描述热现象的一个基本概念是温度，温度变化的时候，物体的许多性质都要发生变化。例如，物体受热以后，温度升高，体积膨胀；水加热到100℃，再继续加热，就会变成水蒸气；橡皮管冷却到负100℃度以下会变得像玻璃一样易碎……这些与温度有关的现象都叫做热现象。由观察和实验总结出来的热现象规律，构成热现象的宏观理论，叫做热力学。微观理论则是从物质的微观结构出发，即从分子、原子的运动和它们之间的相互作用出发，去研究热现象的规律。热现象的微观理论叫做统计物理学。分子动理论、统计力学和涨落现象理论是统计物理学的三个组成部分。

热力学的研究不涉及物质的微观结构，只根据由观察和实验所总结出来的热力学定律，用严密的逻辑推理方法，研究宏观物体的热的性质。统计物理学则是从物质的微观结构出发，依据每个粒子所遵循的力学规律，用统计的方法研究宏观物体的热的性质。热力学和统计物理学在对热现象的研究上，起到了相辅相成的作用。下面简述热学的发展历程：

人们对热现象的认识最早是从火开始的。例如，中国古代燧人氏的钻木取火，炼丹术和炼金术，火药的发明，以及早期的爆竹、走马灯等。又如，在古希腊就有"火、土、水、气组成世界"的四元素学说，这与我国战国时期（公元前300多年）提出的"水、火、金、木、土为万物之本"的五行学说是类似的。人类对热现象的重视，由来已久。但因当时生产力的低下，不可能对这些热现象有任何实质性的解释。从远古到18世纪初这个时期，热学还不能算是一门科学。

1769年英国的詹姆斯·瓦特（James Watt，1736—1819年）改良出有实用价值的蒸汽机，促进了欧洲工业革命的迅速发展，并促使人们深入地研究物质的热的性质。当时对热的本质是什么有两种看法：一种是热质说，认为热是一种没有质量的流质，可渗入一切物体之中，热质可以从一个物体传到另一个物体，但不能凭空产生，也不能消灭。这种学说能解释大部分的热现象，但不能解释摩擦生热现象。以笛卡尔、胡克、罗门诺索夫（1711—1765年，俄国百科全书式的科学家、语言学家、哲学家和诗人，被誉为俄国科学史上的彼得大帝）、伦福德（美国物理学家本杰明·汤普逊，即伦福德伯爵，1753—1814年）为代表的科学家认为热是一种运动。自然科学的这些成就，为建立能量守恒定律做了必要的准备。

到19世纪中叶，由德国的迈尔（1814—1878年）、焦耳（James Prescott Joule；1818—1889年，英国物理学家，后人为了纪念他，把能量、功率的单位命名为"焦耳"）、德国科学家亥姆霍兹（1821—1894年）等人，完成了能量守恒定律的最后确定。能量守恒定律是普遍规律，热力学第一定律是能量守恒定律的一个具体形式。

在实际情况中，满足能量守恒的过程不一定都能实现，如热不能自动地从低温传向高温，过程具有方向性，这就导致了热力学第二定律的建立。克劳修斯（Rudolf Julius Enmanvel Clausius，1822—1888年，德国物理学家，是气体动理论和热力学的主要奠基人之一）和开尔文独立地发现了热力学第二定律。他们的表述角度尽管不同，但其实质是等效的。在热力学的两个定律建立之后，热力学的进一步发展主要在把两个基本原理应用到各种具体的问题中去，在应用的过程中找到了反映物质各种性质的相应的热力学函数。其中直接反映热力学第二定律的是熵，它的特点是，一个绝热过程总是朝着熵增加的方向进行的。

　　经典热力学定律建立以后，找到了热现象遵循的一般规律，但对于热的本质究竟是什么，热是一种什么运动形式，并没有给出具体的回答。在17世纪到18世纪期间，出现了一些定性的分子运动论假设。1658年伽森第提出物质是由分子构成的假设，假想分子是硬粒子，能向各个方向运动，并且进一步解释物质的固、液、气三种聚集态。1678年胡克提出了同样的主张，他认识到气体的压力是由于气体分子与器壁相碰撞的结果。到1738年伯努力发展了这个学说，并且从气体分子与器壁碰撞的概念导出玻意尔定律。1744—1748年罗蒙诺索夫明确地提出热是分子运动的表现，在讨论气体的一些性质时，提出了气体分子运动是无规则的这个重要思想，还肯定了运动守恒在分子运动中的正确性。克劳修斯在1857年发表了一篇非常重要的论文《论我们称之为热的运动》，这篇文章首次系统地研究了气体运动理论，现代气体动理论的发展就是从这一论文开始的。他不仅分析了气体分子的平移运动，还指出了旋转运动和振动运动的可能性，克劳修斯还提出了理想气体分子运动的微观模型，他第一次明确地提出了物理学中的统计概念，并首次引进分子运动自由程的概念。1860年麦克斯韦发表了《气体动理论的说明》，第一次用概率的思想建立了麦克斯韦分子速率分布律。玻尔兹曼第一次考虑重力对分子运动的影响，建立了更全面的玻尔兹曼分布率。1902年吉布斯在克劳修斯、麦克斯韦、玻尔兹曼研究的基础上，出版了他的统计力学书，把统计方法推广而发展成为系统的理论。

　　　　——主要参考：《热学》李椿 章立源 钱尚武 编 绪论部分

　　　　　高等教育出版社1978年9月第一版

　　3. 经典电动力学的建立

　　电磁学是一门既古老又现代的科学。早在我国春秋战国时期（公元前770—前221年），已有"山上有慈石者，其下有铜金"的记载，公元前585年，希腊哲学家泰勒斯（Thales）也记载了用木块摩擦过的琥珀能够吸引碎草等轻小物体，以及天然磁矿石吸引铁的现象。系统地对这些现象进行研究则要从英国的吉尔伯特算起。1600年，英国的伊丽莎白女王的御医吉尔伯特（WilliamGilbert）在他出版的《论磁》一书中对磁石的各种性质作了系统的定性描述（如磁极、磁极间的相互作用等），发现地球是个大磁体及充磁和消磁的方法,还发现了磁与电的区别,制作了第一只验电器。

　　静电现象的系统研究是从发明起电机开始的,大约在1660年德国物理学家和工程师格利克(1602—1686年),发明了第一台摩擦起电机。1729年英国的科学家格雷(1670—1736年)发现导体和绝缘体的区别。1733年法国的物理学家杜费(1698—1739年)发现火花放电现象,并用改进了的验电器研究不同的带电体时发现带相同电的物体互相排斥,带不同电的物体彼此吸引。1745年德国的克莱斯特(E.G.V.Kleist,1700—1748年)发明储存电的方法;同时荷兰马森布洛克(P.V.Musschenbroek,1692—1761年)在莱顿又独立发明,后人称之莱顿瓶。莱顿瓶的发明为电的进一步研究提供了条件。1747年美国的富兰克林(Benjamin Franlin,1706—1790年,美国科学家、发明家、政治家)发现了电荷守恒定律,并命名了正电、负电。1752年富兰克林作了著名的风筝实验,证明雷电就是一种放电现象,从而把天上与地上的电统一起来。1785年法国物理学家库仑(1736—1806年)通过扭秤实验测定了两个静电荷之间的相互作用力,得到了电学中第一个定量的规律。1780年意大利的解剖学家伽伐尼发现了"动物电"。1800年伏打(意大利物理学家,1745—1827年)制成了伏打电堆,发明了电池。使人们的认识从静电转入动电,从瞬间电流发展到恒定电流,为进一步研究电流运动的规律和电运动与其他运动形式之间的联系和转化创造了条件。化学电源发明后,人们很快就发现了电流的化学效应和电流的热效应。

　　早在1750年富兰克林已经观察到莱顿瓶放电可使钢针磁化,甚至更早在1640年已有人观察到闪电使罗盘磁针倒转,但到19世纪初在科学界仍然普遍认为电和磁是两种独立的作用。丹麦物理学家奥斯特接受德国哲学家康德和谢林关于自然力统一的哲学思想,经过多年的研究,终于在1820年发现了电流的磁效应。当年法国物理学家安培根据载流螺线管与磁铁等效的实验,提出了物质磁性的分子电流假说,把磁现象归结为单一的电流的作用,同时研究了电流元之间相互作用的规律,建立了安培定律等。电流磁效应的发现打开了电应用的新领域,发明了电磁铁、电报机、电话、电流计等等。

　　1826年欧姆(Georg Simon Ohm,1789—1854年,德国物理学家)确定了电路的基本定律——欧姆定律。基尔霍夫(Gustav Robert Kirchhoff,1824—1887年),德国物理学家。他澄清了电位差、电动势、电场强度等概念,使欧姆理论与静电学概念协调一致,同时解决了分支电路问题。

　　电可以转化成磁,那磁能否转化为电呢?英国物理学家法拉第经过10年的不懈努力,于1831年发现了电磁感应现象,确定了电磁感应的规律,在此基础上制造出第一台发电机。法拉第最重要的贡献是他的场的观念,这是牛顿以后物理基本概念最重要的发展,为电磁现象的统一理论准备了条件。从1856年开始,麦克斯韦在法拉第、安培、库仑等人的基础上,引入"涡旋电场"和"位移电流"假说,直到1865年用一组方程概括了电磁规律,建立了电磁场理论,预言光是一种电磁波。实现了物理学史上电、磁、光的第二次大综合。1888年赫兹从实验上证实了麦克斯韦电磁场理论的正确,后经诸多科学家的不断完善电磁学已发展成为经典物理学中相当完美的一个分支。

——主要参考资料:《电磁学》赵凯华 陈熙谋编
高等教育出版社 1985年6月第二版

三、物理学晴空的"两朵乌云"

　　19世纪的最后一天,欧洲著名的科学家欢聚一堂。会上,英国著名物理学家W·汤姆生(即开尔文男爵)发表了新年祝词。他在回顾物理学所取得的伟大成就时说,物理大厦已经落成,所剩只是一些修饰工作。同时,他在展望20世纪物理学前景时, 若有所思地讲道:"动力理论肯定了热和光是运动的两种方式,现在,它美丽而晴朗的天空却被两朵乌云笼罩了,第一朵乌云出现在光的波动理论上, 第二朵乌云出现在关于能量均分的麦克斯韦—玻尔兹曼理论上"。开尔文是19世纪英国杰出的理论物理和实验物理学家,是一位颇有影响的物理学权威, 他的说法道出了物理学发展到19世纪末期的基本状况,反映了当时物理学界的主要思潮。

　　物理学发展到19世纪末期,可以说是达到相当完美、相当成熟的程度。一切物理现象似乎都能够从相应的理论中得到满意的回答。总之,以经典力学、经典电磁场理论和经典统计力学为三大支柱的经典物理大厦已经建成,而且基础牢固,宏伟壮观! 在这种形势下,难怪物理学家会感到陶醉,会感到物理学已大功告成,因而断言往后难有作为了。

　　尽管开尔文对物理学成就的评价言之过激,但他能够在此万里晴空中发现"两朵乌云"并为之忧心忡忡,足见他富有远见。物理学发展的历史表明,正是这两朵小小的乌云,终于酿成了一场大风暴。

第一朵乌云——迈克耳逊—莫雷实验与"以太"说破灭

　　人们知道,水波的传播要有水做媒介,声波的传播要有空气做媒介,它们离开了介质都不能传播。光波为什么能在真空中传播?它的传播介质是什么? 物理学家给光找了个传播介质——"以太"。

最早提出"以太"的是古希腊哲学家亚里士多德。牛顿在发现了万有引力之后,碰上了难题:在宇宙真空中,引力由什么介质传播呢? 为了求得完整的解决,牛顿复活了亚里士多德的"以太"说,认为"以太"是宇宙真空中引力的传播介质。后来,物理学家又发展了"以太"说,认为"以太"也是光波的传播介质。光和引力一样,是由"以太"传播的。他们还假定整个宇宙空间都充满了"以太","以太"是一种由非常小的弹性球组成的稀薄的、感觉不到的媒介。19世纪时,麦克斯韦电磁理论也把传播光和电磁波的介质说成是一种没有重量,可以绝对渗透的"以太"。"以太"既具有电磁的性质,又是电磁作用的传递者,又具有机械力学的性质,它是绝对静止的参考系,一切运动都相对于它进行。这样,电磁理论因牛顿力学取得协调一致。"以太"是光、电、磁的共同载体的概念为人们所普遍接受,形成了一门"以太学"。

但是,肯定了"以太"的存在,新的问题又产生了:地球以每秒30千米的速度绕太阳运动,就必须会遇到每秒30千米的"以太风"迎面吹来,同时,它也必须对光的传播产生影响。这个问题的产生,引起人们去探讨"以太风"存在与否。

为了观测"以太风"是否存在,1887年,美国物理学家迈克耳逊(1852—1931年)与美国化学家、物理学家莫雷(1838—1923年)合作,在克利夫兰进行了一个著名的实验:"迈克耳逊—莫雷实验",即"以太漂移"实验。实验结果证明,不论地球运动的方向同光的射向一致或相反,测出的光速都相同,在地球同设想的"以太"之间没有相对运动。因而,根本找不到"以太"或"绝对静止的空间"。由于这个实验在理论上简单易懂,方法上精确可靠。所以,实验结果否定"以太"之存在是毋庸置疑的。

迈克耳逊-莫雷实验使科学家处于左右为难的境地。他们或者须放弃曾经说明电磁及光的许多现象的以太理论。如果他们不敢放弃以太,那么,他们必须放弃比"以太学"更古老的哥白尼的地动说。经典物理学在这个著名实验面前,真是一筹莫展。

第二朵乌云——黑体辐射与"紫外灾难"

所谓"黑体"是指能够全部吸收外来的辐射而毫无任何反射和透射,吸收率是100%的理想物体。真正的黑体并不存在,但是,一个表面开有一个小孔的空腔,则可以看做是一个近似的黑体。因为通过小孔进入空腔的辐射,在腔里经过多次反射和吸收以后,不会再从小孔透出。

19世纪末,卢梅尔(1860—1925年)等人的著名实验——黑体辐射实验,发现黑体辐射的能量不是连续的,它按波长的分布仅与黑体的温度有关。为了解释黑体辐射实验的结果，英国物理学家瑞利（1842—1919年）和金斯（1877—1946年）认为能量是一种连续变化的物理量，建立起在波长比较长、温度比较高的时候和实验事实比较符合的黑体辐射公式。但是这个公式推出，在短波区（紫外光区）随着波长的变短，辐射强度可以无止境地增加，这和实验数据相差很大。所以这个失败被奥地利物理学家埃伦菲斯特称为"紫外灾难"。它的失败无可怀疑地表明经典物理学理论在黑体辐射问题上的失败，所以这也是整个经典物理学的"灾难"。

第一朵乌云，最终导致了相对论革命的爆发。

第二朵乌云，最终导致了量子论革命的爆发。

四、近代量子力学的发展

19世纪末建立的以经典力学为基础的经典物理学理论体系，主要研究宏观低速物体的运动规律。随着社会生产的发展产生了一系列的新问题。如黑体辐射问题，光电效应问题，原子的线状光谱和原子结构问题，固体在低温下的比热问题等，这些物理现象都不能用经典物理理论给予圆满的回答。1900年12月14日普朗克首次提出量子论，这一天被称为量子力学的诞生日。经过科学家不断地努力终于形成了完整的量子力学理论。

量子力学是研究微观世界物质运动和变化的基本规律的科学。是从微观层面来揭示宏观现象与规律的本质。由于微观粒子具有波粒二象性，其研究方法不同于经典物理学，在一定意义上经典物理学只是量子物理学的近似。粗略地说，量子力学的建立是从黑体辐射的能量分布问题开始的。为了研究不依赖于物质具体物性的热辐射规律，1859年基尔霍夫提出黑体辐射的概念，1879年奥地利物理学家斯忒藩（Josef stefan，1835—1893年）总结出黑体辐射总能量与黑体温度四次方成正比，1884年玻尔兹曼从电磁理论和热力学理论证明了这一关系。1893年维恩（德国物理学家，1893—1911年）从经典热力学及统计理论出发建立了黑体辐射能量按波长分布的公式，但这个公式只在短波、较低温度时才和实验事实相符，而在长波区与实验有明显的偏差。1900年瑞利根据经典电动力学和统计物理学得出另一公式，该公式在长波区与实验曲线相符，而在短波区有明显的偏离。1905年金斯修改了瑞利公式的比例常数，于是这一公式又称为瑞利-金斯公式。1900年普朗克为了克服经典理论解释黑体辐射规律的困难，引入能量子的概念，即能量的量子化，很好地解决了黑体辐射能量不连续的问题，但是能量量子化的观点违背了日常生活经验，当时没有被人接受。随后，爱因斯坦为了解决光电效应实验与经典理论的矛盾,于1905年提出光量子假说,指出光既是波动,也是粒子,成功解释了光电效应,使量子理论得到了进一步的发展。1909—1911年卢瑟福和他的助手们进行了α粒子散射的实验,提出原子的核式结构模型,虽然能够解释实验现象,但是经典物理理论却无法说明原子的稳定性。1913年玻尔运用量子化的概念提出原子结构假说,对氢原子结构和氢原子光谱作出了满意的解释。玻尔理论是半经典半量子理论,存在逻辑上的缺点,即把微观粒子看成是遵守经典力学的质点,同时又赋予量子化的特征,因此,玻尔理论在其他问题上遇到了很大的困难。从1900年普朗克提出量子化概念开始到1913年玻尔理论的建立,这一时期的量子论主要是对经典物理理论加以某种人为的修正或附加条件以便解释微观领域中的一些现象,人们称之为旧量子论或早期量子论。

　　1924年法国物理学家德布罗意(1892—1987年)指出运动的实物粒子也具有波动性,人们把这种波叫作物质波,也叫德布罗意波,1927年的电子衍射实验证实了德布罗意波的存在。1925年海森伯(德国物理学家,1901—1976年)等人着眼于对旧量子论的批判,创立了矩阵力学。1926年薛定谔(1887—1961年,奥地利物理学家)在波粒二象性的基础上独立地创立了波动力学,同年4月薛定谔发表了《关于海森伯—玻恩—约当的量子力学与我的波动力学的关系》的论文,证实了矩阵力学和波动力学是等价的。后来,人们把矩阵力学和波动力学合在一起,统称量子力学。1926年6月玻恩(1882—1970年,德国理论物理学家)指出量子力学中的波函数所描述的是粒子在空间的概率分布的概率波,德布罗意波是概率波。概率波的概念将微观粒子的波动性和粒子性统一起来。微观客体的粒子性反映微观客体具有质量,电荷等属性;而微观客体的波动性,也只反映了波动性最本质的东西:波的叠加性(相干性)。1927年海森堡又提出不确定关系(测不准原理),这是物质的客观规律,不是测量技术和主观能力的问题。对微观粒子不可能如经典力学的要求,既可以知道它的精确位置,又同时知道它的动量的确定值。因此对微观粒子位置的恰当描述是说它处于某一位置的概率,而在它可能出现的空间中有一个位置概率的分布。同年9月玻尔发表了《量子力学和原子理论的晚近发展》的演讲,提出了著名的"互补原理"。"互补原理"认为,微粒和波的概念是互相补充的,同时又是互相矛盾的,它们是运动过程中的互补图像。玻尔强调,一个量只有在进行观察或测量时才有意义。当你去测量电子的动量,它就是粒子;当你做电子衍射时,它就是波。1928年狄拉克(1902—1984年,英国物理学家)把相对论引进了量子力学,建立了相对论形式的薛定谔方程,也就是著名的狄拉克方程。终于从1925年到1928年形成了完整的量子力学理论,与爱因斯坦的相对论并肩形成现代物理学的两大理论支柱。

量子力学揭示了微观物质世界的基本规律,为原子物理、固体物理学、核物理学和粒子物理学奠定了基础。它能很好地解释原子结构、原子光谱的规律性、化学元素的性质,光的吸收与辐射等等方面。后来量子力学遭到爱因斯坦和薛定谔等人的批评,他们不同意哥本哈根学派的波函数的概率解释、测不准原理和互补原理。双方展开了一场长达半个世纪的论战,至今尚无定论。

五、21世纪物理学发展预测

19世纪后期,经典物理在理论上建立了完整的体系,在应用上也取得了巨大的成就。20世纪初建立起来的相对论、量子力学两大基本理论,以及以这些理论为基础的核物理、粒子物理、半导体物理、天体物理等近代物理内容,也指明了物理学在新世纪中的发展方向。21世纪科学技术发展总趋势如下:

1. 中心科学技术的转移

(1)信息科学技术。目前是发展高峰期,预计其中心科学技术的地位还能持续40年。

(2)生命科学技术。现在已开始注重其发展与应用。预计21世纪30年代开始逐步转变为中心科学技术。

(3)认知科学技术。智能化趋势现已显露,预计21世纪70年代开始将发展成科学技术的中心

2. 世界科技中心(地区或国家)的转移

中国 (公元3—13世纪)→意大利 (1540—1610年)→英国(1660—1730年)→法国(1770—1830年) →德国(1810—1920年) →美国(1920年—) →可能转向东方(日本、中国)

21世纪改变人类的科学技术:物质科学、生命科学;信息技术、生物技术、纳米技术、能源技术。

3. 引领物理学未来的25个问题

理论物理学家、2004年诺贝尔物理学奖获得者、美国凯乌利理论物理研究所所长大卫·格罗斯教授在中国科学院理论物理研究所"前沿科学论坛"上做了题为《物理学的将来》的演讲,讨论当前物理学面临的25个问题,及它们如何引导物理学未来25年的发展。

这25个问题包括:

(1)宇宙起源。

(2)暗物质的本质。

(3)暗能量的本质。

(4)恒星、行星的形成。

(5)广义相对论。

(6)量子力学。

(7)标准模型。

(8)超对称。

(9)量子色动力学(QCD)。

(10)弦论。

(11)时空的观念。

(12)物理理论是否与环境有关。

(13)新物态。

(14)复杂性。

(15)量子计算机。

(16)物理学的应用。

(17)理论生物学。

(18)基因组学。

(19)意识的研究。

(20)计算物理学。

(21)物理学的分化

(22)还原论。

(23)"理论"应该扮演何种角色。

(24)物理学未来发展中潜在的危险。

(25)物理学是否仍将是最重要的科学。

——摘自长江大学 公共选修课 现代物理概论 第十五讲 未来的物理学
与创新

第三节 部分物理学家的生平、成就、趣事介绍

一、力学部分(伽利略 牛顿 胡克 笛卡尔)

(一)近代力学创始人——伽利略

1. 生平简介

伽利略,1564年2月15日生于意大利西北部的比萨城,小时候非常聪明,对任何事都充满好奇心,而且心灵手巧,时常给弟弟妹妹们做许多灵巧的玩具。1581年进入比萨大学学医,可是对医学感到枯燥无味,对数学、物理学有浓厚兴趣,1583年,伽利略在比萨教堂里注意到一盏悬灯的摆动,随后用线悬铜球做模拟实验,确证了微小摆动的等时性以及摆长对周期的影响,由此创制出脉搏计用来测量短时间间隔。1585年因家贫退学,担任家庭教师,但仍奋力自学。1586年,他发明了浮力天平,并写出论文《小天平》。1589年发表了关于几种固体重心计算法的论文,其中包括若干静力学新定理。由于这些成就,当年比萨大学便聘请他任教,讲授几何学与天文学。1592年伽利略来到帕多瓦大学任数学教授。从此,伽利略迎来了一生中的黄金时代,他深入而系统地研究了落体运动、抛射体运动、静力学、动力学等,研制了温度计和望远镜等。1597年,他读了开普勒赠阅的《神秘的宇宙》一书,开始相信日心说,但这时他对柏拉图的圆运动最自然最完美的思想印象太深,以致对开普勒的行星椭圆轨道理论不感兴趣。1609年末到1610年初,他用自制望远镜观察日月星辰更加坚信哥白尼的日心说是正确的。1610年3月,伽利略的著作《星际使者》在威尼斯出版,同年告别了帕多瓦大学,回到佛罗伦萨。1610年7月他被委任为宫廷数学家、哲学家,兼任比萨大学数学教授。

1611年他去罗马宣讲日心说,由于违反了基督教义,教皇保罗五世在1616年下达了禁令,禁止他以口头的或文字的形式传授或捍卫日心说。

在1632年出版了《关于托勒密和哥白尼两大世界体系对话》一书。《对话》出版后惹怒了教会,罗马教廷便勒令停止出售,在1632年6月22日宣判:

主要罪名是违背"1616年禁令"和圣经教义,判处伽利略终身监禁,《对话》必须焚绝,并且禁止出版或重印他的其他著作。

软禁期间他将最成熟的科学思想和研究成果撰写成《关于两门新科学的对话与数学证明对话集》。这部书稿1636年就已完成,由于教会禁止出版他的任何著作,他只好托一位威尼斯友人秘密携出国境,1638年在荷兰莱顿出版。

1637年伽利略双目失明,由托里拆利和他的学生维维亚尼陪伴。他们和这位双目失明的老科学家共同讨论如何应用摆的等时性设计机械钟,还讨论过碰撞理论、月球的天平动、大气压下矿井水柱高度等问题,因此,直到临终前他仍在从事科学研究。伽利略于1642年1月8日病逝。

科学的不断发展,迫使罗马教廷不得不在1757年宣布解除对哥白尼《天体运行论》的禁令,1882年罗马教皇又无可奈何地承认了日心学说。1979年11月10日,梵蒂冈教皇J·保罗二世代表罗马教廷为伽利略公开平反昭雪,认为教廷在300多年前迫害他是严重的错误。

2. 主要科学成就

(1)新的科学思想和科学研究方法

先观察自然现象,由此发现自然规律。他摒弃神学的宇宙观,认为世界是一个有秩序的服从简单规律的整体,要了解大自然,就必须进行系统的实验定量观测,找出它的精确的数量关系。

基于这样的新的科学思想,伽利略倡导了数学与实验相结合的研究方法,这种研究方法是他在科学上取得伟大成就的源泉,也是他对近代科学的最重要贡献。伽利略的数学与实验相结合的研究方法,一般来说,分三个步骤:①先提取出从现象中获得的直观认识的主要部分,用最简单的数学形式表示出来,以建立量的概念;②再由此式用数学方法导出另一易于实验证实的数量关系;③然后通过实验来证实这种数量关系,他对落体匀加速运动规律的研究便是最好的说明。

(2)物理学概念和原理的创新

古希腊的亚里士多德是最早研究力的概念的科学家。他把自然界中的运动分成两类,一类是自然运动;另一类是非自然运动(又称受迫运动)。自然运动是不需要作用力的推动,非自然运动是需要作用力来推动的。他认为力是维持物体运动的原因,并把力与速度直接相联系。伽利略在研究了亚里士多德和先辈们的著作后认为,不能把运动分为自然运动和非自然运动,应该依据运动的基本特征量——速度进行分类,他由此提出了匀速运动和变速运动新的分类方法,从而使运动理论的研究取得了重大进展.

伽利略在研究自由落体运动中首次提出了一个重要的概念——加速度,并用速度的增量$\triangle v$和用去的时间$\triangle t$之比来定义加速度,这样伽利略进一步把力与物体获得的加速度联系起来,认为力是使物体产生加速度的原因,纠正了亚里士多德的力是维持物体运动速度的错误观点,从而初步形成了力的科学概念,大大推进了人类对力的概念正确的认识。

运动独立性原理和运动的合成、分解:

伽利略应用运动独立性原理通俗地说明了石子从桅杆顶上掉落到桅杆脚下而不向船尾偏移的道理。在弹道的研究中,伽利略发现水平与垂直两方向的运动各具有独立性,互不干涉,但通过平行四边形法则又可合成实际的运动径迹。他从垂直于地面的匀加速运动和水平方向的匀速运动,完整地解释了弹道的抛物线性质,这是运动的合成研究的重大收获,并具有实用意义。

惯性参照系概念:

伽利略以做匀速直线运动的船舱中物体运动规律不变的著名论述,第一次提出惯性参照系的概念。这一原理被A·爱因斯坦称为伽利略相对性原理,是狭义相对论的先导。

单摆周期性质的发现:

伽利略由观察到教堂悬灯的摆动对摆进行实验研究,发现单摆的周期与振幅大小和摆锤重量无关。这个规律的发现为此后的振动理论和机械计时器件的设计方案建立了基础。

光速有限及其测量:

伽利略观察了闪电现象,认为光速是有限的,并设计了测量光速的掩灯方案。尽管没有取得成功,但对后来的各种测量方法都有借鉴作用。

3. 趣闻轶事

(1)不爱医学爱数学

1581年伽利略考入了比萨大学,他的父亲坚持要他学医,因为医学在16世纪被认为是大学生通往成功和致富最有效的途径。伽利略很不情愿地满足了父亲的愿望。他是一个多才多艺的年轻人,在音乐、绘画、写作方面都很有天赋。到大学的第一年,他感到医学十分枯燥,于是迷上了数学讲座,并被这门学科的严谨的美震撼了。尤其是被数学家奥斯蒂洛·利奇讲授的关于欧几里得几何这门学科深深地吸引了。后来,这位数学家发现伽利略非常有才智,劝他放弃学医改学数学,从此改变了他的人生道路。

(2)"辩论者"的雅号

16世纪,罗马天主教会完全禁止教授任何与《圣经》内容相左的东西。教会建立的耶稣会,研究科学难题和传授他们对《圣经》的解释。耶稣会成员所信仰的是亚里士多德的哲学和自然科学。若亚里士多德有错,则是暗指《圣经》也错了,这些错误当时是无论如何不能被指出的。在比萨大学就读时,伽利略认为,靠坐在那里冥思苦想,是不能推动科学的进步的。亚里士多德在他的一生中没有进行过一次实验。他只是简单地靠运用逻辑的方法来得出结论。伽利略坚持认为,科学只能建立在实验的基础上。一个想法一开始是可以建立在灵感的基础上,但它只有靠实验来证明并被接受。无论在与人争辩中,还是私下讨论中,都直言不讳地表示出自己的这种观点。在很多时候,他会变得十分激动,提高嗓门大声地与他的同行和演讲者进行辩论。伽利略在大学里辩论得太多了,以致获得了"辩论者"的雅号。

(二)动力学的奠基人——牛顿

1. 生平简介

牛顿 (Isaac Newton,1642—1727年)伟大的物理学家、天文学家和数学家,经典力学体系的奠基人。牛顿出生于英格兰东部小镇乌尔斯索普一个自耕农家庭。牛顿出生前父亲已死于肺炎。他母亲改嫁,由外祖母和舅舅抚养。少年时的牛顿资质平常,成绩一般,但他喜欢动手制作,做过风车模型、时钟、风筝等,他还设计了极其精巧的日圭仪,给村里人指示时间。1656年他继父去世,迫于生活压力母亲决定让牛顿在庄园里干活。在这段时间里,他利用一切时间自学。他舅舅看到牛顿如此好学,便支持他继续上学。

1661年6月以"减费生"身份考入剑桥大学三一学院。1664年牛顿经考核被选为巴罗教授的助手,1665年大学毕业并留在学院的研究室。1665—1666年,伦敦流行鼠疫,牛顿回到家乡。1667年重返剑桥大学,1668年7月获硕士学位。1669年成为数学教授,同年晋升为卢卡斯讲座教授,1672年成为皇家学会会员,1703年成为皇家学会终身会长。1705年被封为爵士。1727年牛顿逝世于肯辛顿,遗体葬于威斯敏斯特教堂。

2. 主要成就

(1)在数学方面,发现了二项式定理。1665年建立了微分学,1666年创立了积分学等。

（2）在光学方面,用棱镜进行光的色散实验,证明白光是单色光复合而成的;发现了光的一种干涉图样——牛顿环;制作了新型的反射望远镜;创立了光的微粒说,在一定程度上反映了光的本性。

（3）在力学方面,牛顿在伽利略等人工作的基础上进行深入研究,总结出机械运动的三个定律。进一步拓展了开普勒等人的工作,发现了万有引力定律。在1687年出版的《自然哲学的数学原理》一书中,他用数学解释了哥白尼学说和天体运动的现象,阐明了运动三定律和万有引力定律等。

在牛顿《原理》一书中集中体现了以下几种科学方法:①实验—理论—应用的方法。②分析—综合方法。③归纳—演绎方法。牛顿从观察和实验出发,"用归纳法从中作出普通的结论",即得到概念和规律,然后用演绎法推演出种种结论,再通过实验加以检验、解释和预测,这些预言的大部分都在后来得到证实。当时牛顿表述的定律他称为公理,即表明由归纳法得出的普遍结论,又可用演绎法去推演出其他结论。④物理—数学方法。

3. 趣闻轶事

（1）关于苹果落地的故事

1665年6月伦敦流行鼠疫,牛顿回到了家乡。同学们都熟知的苹果落地的故事就发生在这一时期。

请问"苹果落地的故事"是说牛顿的哪件事迹?路易斯·巴斯德(1822—1895年)法国微生物学家、化学家说过:"机遇只偏爱那些有准备的头脑。"体会其含义。

由于牛顿的《自然哲学的数学原理》一书用的是欧几里得几何学的表述方式,书中没有叙述苹果落地的故事,致使许多人对苹果落地一说持保留意见。

（2）科学研究的痴情

牛顿对于科学研究专心到痴情的地步。据说有一次牛顿煮鸡蛋,他一边看书一边干活,糊里糊涂地把一块怀表扔进了锅里,等水煮开后,揭盖一看,才知道错把怀表当鸡蛋煮了。还有一次,一位来访的客人请他估价一具棱镜。牛顿一下就被这具可以用作科学研究的棱镜吸引住了,毫不迟疑地回答说:"它是一件无价之宝!"客人看到牛顿对棱镜垂涎三尺,表示愿意卖给他,还故意要了一个高价。牛顿立即欣喜地把它买了下来,管家老太太知道了这件事,生气地说:"咳,你这个笨蛋,你只要照玻璃的重量折一个价就行了!"

（3）终身未婚之谜

可以说,每一个伟大的科学家,都是富有激情、富有理想的诗人,但牛顿是一个追求用科学中的光线谱来解释他的理想的特殊类型的诗人。他让他的思想展翅飞翔,以整个宇宙作为藩篱。在他的整个心田里,填满了自然、宇宙。也许这是他终身未娶的最根本原因。

不过,牛顿并没有完全与爱情绝缘,他一生中甚至有过两次恋爱。牛顿23岁正在剑桥大学求学时,由于剑桥发生了瘟疫,学校放假。牛顿回到乡下,住在舅父家里。在那里,他爱上了美丽、聪明、好学、富有思想的表妹。表妹也很喜欢这个学识渊博、卓见非凡的大学生。他们常常一起散步。牛顿喜欢即兴发表长篇讲话,他的讲话内容又多是他正在学习和研究的问题。表妹虽听不懂,但她还是耐心地听,似乎觉得很有趣。牛顿在心里想:"这样一个可爱的女子,对于我所讲的觉得这样有味,她的脑筋一定也很好,是个不平凡的女子。如果能得到她的帮助,与我共同工作,那该多好啊!"

但是牛顿生性腼腆,并未及时向表妹表白心中的爱情。等他回到剑桥大学后,又聚精会神地沉浸到科学研究中去了。他早已忘记了远方的乡村还有一位美丽的少女在等着他。他对个人生活一直不予重视,而她的表妹却误以为牛顿对她冷淡,便择夫另嫁了。牛顿因醉心于科学研究而耽误了一次爱情的大好时机。

牛顿实在太忙了,他连做梦想的都是宇宙世界。他往往领带不结,鞋带不系好,马裤也不扣好,就走进大学餐厅。尽管如此,牛顿毕竟是个年轻人,还有一颗浪漫的心。有一次,他向一位年轻姑娘求婚。他轻轻地握着她的手,含情脉脉地看着这位美人。正在这紧要关头,他的心思忽地溜到另一个世界去了。他的头脑中只剩下无穷量的二项式定理。他像做梦似的,下意识地抓住姑娘的一个手指,把它当成是通烟斗的通条,硬往烟斗里塞。姑娘痛得大叫一声,他才清醒过来。面对吃惊的姑娘,他连忙像只绵羊似的柔声道歉:"啊,亲爱的,饶恕我吧!我知道,我是不行了。看来,我是该打一辈子光棍!"

姑娘饶恕了牛顿,却无法理解他,爱情又成了泡影。科学上许多新的问题不断扑向牛顿的脑海,此后他将整个热情都集中到了科学事业上。

4. 名言

(1)我不知道世人怎样看我,但我自己以为我不过像一个在海边玩耍的孩子,不时为发现比寻常更为美丽的一块卵石或一片贝壳而沾沾自喜,至于展现在我面前的浩瀚的真理海洋,却全然没有发现。

(2)如果说我所看得比别人更远一点,那是因为站在巨人肩上的缘故。

5. 英国诗人亚历山大·蒲柏(Alexander Pope)为牛顿写的墓志铭

Nature and nature's laws lay hid in night;God said "Let Newton be" and all was light.自然和自然的法则在黑暗中隐藏;上帝说,让牛顿去吧! 于是一切都

被照亮。

想一想

牛顿具备哪些优秀的品质才取得成功的？

(三)天才的仪器制造家——胡克

胡克(Robert Hooke,1635—1703年)英国实验物理学家,仪器发明家。1635年出生于英格兰怀特岛清水村。从小体弱多病但却心灵手巧,酷爱摆弄机械,自制过木钟、可以开炮的小战舰等。1653年到牛津大学作工读生,1655年成为玻意耳的助手,由于他的实验才能,1662年被任命为皇家学会的实验主持人,为每次聚会安排三四个实验,1663年获硕士学位,同年被选为皇家学会正式会员,又兼任了学会陈列室管理员和图书管理员。1665年任格雷姆学院几何学教授,1667—1683年任学会秘书并负责出版会刊。学会的工作条件使他在当时自然科学的前沿(如机械仪器改制、弹性、重力、光学,乃至生物、建筑、化学、地质等方面)作出了自己的贡献。1703年在伦敦逝世。

胡克的重要贡献主要是在仪器制造方面,如协助玻意耳改进抽气机,制造了复式显微镜、轮式气压计、摆钟、海洋测深仪、海水取样器等等。他第一个制造出了万向接头,有时候被叫作胡克接头,可以允许刚性杆向任意方向运动,现在仍广泛应用于车辆的传动装置中。他还参与过伦敦大火后的城市重建设计等等。其次,对于晶体、化石、燃烧、测温学等也有不少研究。

胡克于1678年曾将自己发现的弹性定律发表在他的讲演集《态势的恢复》中,他举出螺旋弹簧、发条、悬线、木杆挠曲变形等四种情况。这一定律后来经过A.L.科西1822年引入"应力""应变"及G·格林的改进后才具有现代形式。他和惠更斯是各自独立地建议用发条(游丝)驱动摆轮的。胡克虽长于实验技术且物理思想活跃,但由于缺乏数学根基,最终并未能从理论和实验上根本解决问题。

在重力问题上也是如此。胡克从1661年开始积极参加皇家学会重力专门委员会的活动,进行了在教堂塔尖称量长绳与短绳上的铁块重量的比较。1671年发表《试论地球周年运动》的论文中提出所有天体有吸引力、惯性运动、引力大小与距离有关(后从圆轨道导出为平方反比关系)等三条假设,他还在1679年指出行星运动是由匀速直线的惯性运动和朝向中心天体的吸引这两部分运动合成的。牛顿自己也承认胡克的思想对他有启发(1679年12月13日致胡克信)。但对于非圆周情况胡克就无能为力了。

胡克1665年出版的《显微术或放大镜下微小物体的生理学描述》,描述了显微镜的光学结构和观察到的图画：如矿石、动植物标本、软木塞、昆虫、细胞等。这本书还讨论了云母、肥皂泡、油膜等透明薄膜的彩色干涉图与周期性分布图。胡克还是光的波动说最早的倡导者之一，但对这些干涉图样缺乏定量分析研究。

思考

胡克一生没有取得像牛顿那样辉煌的理论成就，主要的缺陷在哪？对你有什么启发？

阅读

胡克与牛顿

胡克和牛顿的关系问题一直充满了争论。一般认为，两人彼此存在较大的敌意。争论起源于光学，1672年牛顿在皇家学会阐述自己的观点，认为白光经过棱镜产生色散，分成七色光，他将其解释为不同颜色微粒的混合与分开，遭到主张波动说的胡克的尖锐批评。牛顿大怒，称胡克完全没有理解自己这一划时代发现的意义，并威胁要离开皇家学会。这使得主张微粒说的牛顿一直将已完成的著作《光学》延迟到胡克过世后才出版。光学出版后，奠定了微粒说的统治地位，直到一百多年以后的菲涅耳才重新发现胡克的波动思想。

1674—1679年两人曾通信讨论物体的圆周运动问题，胡克给牛顿写信，说明了他从1660年以后就有的平方反比定律的思想，但是他无法从中推导出开普勒的行星运动定律。通信中出现了常被引用的名言："如果我看得远一些，那是因为我站在了巨人的肩膀上"一些研究者认为这句话是在讽刺胡克矮小，但考虑上下文并无此意。1684年1月胡克在和爱德蒙·哈雷和雷恩的谈话中声称他已经完成推导，但是哈雷和雷恩并不相信，哈雷随后告诉了牛顿。牛顿则表示在他已经完成的《自然哲学的数学原理》中有推导，哈雷随后促成此书出版，这件事使得胡克十分怀疑牛顿剽窃了他的成果，并从此不愿意公开自己的任何发现。牛顿也因此删去了手稿中所有引用胡克工作的声明。

牛顿对胡克的敌意在胡克去世后仍未消减。在牛顿影响下，皇家学会取下了胡克的肖像。这可能是胡克没有留下任何肖像的原因。牛顿还试图烧毁大量胡克的手稿和文章，但被阻止。

尽管胡克并不贫穷，但是他的日子过得实在不怎么样，晚年生活更是灾难性的。其中主要的原因是在发现"平方反比关系"优先权的争夺中得罪了牛顿。奇怪的是，胡克就像是个倒霉蛋，集聚在他身上的争议特别多。在发现螺旋弹簧振动周期的等时性方面，是胡克在先还是惠更斯在先也存在争论。即使在胡克和其终生好友雷恩之间，仍然有许多未解之谜。通过胡克的日记和朋友间的通信，人们发现许多原先以为是雷恩设计的建筑很可能是胡克设计的，其中包括著名的格林尼治皇家天文台、为纪念1666年伦敦大火而建造的纪念碑等。有人指出，雷恩的名气太大了，一提到当时的建筑设计，人们就想到了雷恩，谁还记得胡克呢？甚至是胡克的为人和脾气也是一个有争论的话题。胡克常被描绘成一个忧郁的修道士般的老处男（胡克终身未婚），但是，他的日记显示出他是一个善于交际的、拥有很多朋友的人，哪一个才是真正的胡克呢？所有这些胡克之谜，都有待学者们进一步的研究。

（四）我思故我在——笛卡尔

勒奈·笛卡尔（Rene Descartes，1596—1650年），1596年3月31日生于法国都兰城。笛卡尔是伟大的哲学家、物理学家、数学家、生理学家。解析几何的创始人。笛卡尔是欧洲近代资产阶级哲学的奠基人之一，黑格尔称他为"现代哲学之父"。他自成体系，熔唯物主义与唯心主义于一炉，在哲学史上产生了深远的影响。同时，他又是一位勇于探索的科学家，他所建立的解析几何在数学史上具有划时代的意义。笛卡尔堪称17世纪的欧洲哲学界和科学界最有影响的巨匠之一，被誉为"近代科学的始祖"。

1. 生平简介

1596年3月31日生于法国小镇拉埃的一个贵族家庭。因家境富裕从小多病，学校允许他在床上早读，养成终生沉思的习惯和孤僻的性格。1606年他在欧洲最有名的贵族学校——耶稣会的拉弗莱什学校上学，1613年到普瓦捷大学学习法律，1616年毕业。1618年在荷兰入伍，随军远游。在军队服役和周游欧洲中他继续注意"收集各种知识"，"随处对遇见的种种事物注意思考"，1629—1649年在荷兰写成《方法谈》（1637年）及其附录《几何学》《屈光学》《哲学原理》（1644年）。1650年2月11日卒于斯德哥尔摩，死后还出版有

《论光》(1664年)等。他的哲学与数学思想对历史的影响是深远的。人们在他的墓碑上刻下了这样一句话："笛卡尔,欧洲文艺复兴以来,第一个为人类争取并保证理性权利的人。"

2. 主要成就

在数学方面,他首创的代数几何学即解析几何学使变化的坐标即变数进入了数学,成了物理学与自然科学研究方法中的常用利器(如图解法、笛卡尔坐标系等)。

在力学方面,他发展了运动相对性思想,明确表述了惯性定律:只要物体开始运动,就将继续以同一速度并沿同一直线方向运动,直到遇到某种外来原因造成的阻碍或偏离为止,强调了惯性运动的直线性。他提出了动量守恒定律:"物质和运动的总量永远保持不变"。

在光学方面,他第一次在《屈光学》中提出折射定律的理论推导,认为光是一种在以太中传播的压力过程。他还在1637年《方法谈》中"论虹"一文中成功地解释了虹的成因。

在天文学方面,他创立了旋涡说。他认为太阳的周围有巨大的旋涡,带动着行星不断运转。物质的质点处于统一的旋涡之中,在运动中分化出土、空气和火三种元素,土形成行星,火则形成太阳和恒星。他认为天体的运动来源于惯性和某种宇宙物质旋涡对天体的压力,在各种大小不同的旋涡的中心必有某一天体,以这种假说来解释天体间的相互作用。笛卡尔的太阳起源的以太旋涡模型第一次依靠力学而不是神学,解释了天体、太阳、行星、卫星、彗星等的形成过程,比康德的星云说早一个世纪,是17世纪中最有权威的宇宙论。

笛卡尔由于缺乏实验基础而导致不少具体物理结论的失误,例如碰撞问题、光的折射方向、用宇宙以太旋涡假说解释引力现象等。

笛卡尔对物理学的贡献远不及伽利略、牛顿等人,但在古代科学和近代科学的转折点上,他的哲学思想是非常有影响的。我思故我在(意思是我无法否认自己的存在,因为当我否认、怀疑时,我就已经存在)是笛卡尔全部认识论哲学的起点,他认为思想和物质同样存在,人们描述世界,而不需要提到上帝,也不需要考虑我们自身。这在量子论以前几乎成为一般科学的必要条件。

3. 趣闻轶事

蜘蛛织网和平面直角坐标系的创立:

据说有一天,笛卡尔生病卧床,病情很重,尽管如此他还反复思考一个问题:几何图形是直观的,而代数方程是比较抽象的,能不能把几何图形和代数方程结合起来,也就是说能不能用几何图形来表示方程呢?要想达到此目的,关键是如何把组成几何图形的点和满足方程的每一组"数"挂上钩,他苦苦思索,拼命琢磨,通过什么样的方法,才能把"点"和"数"联系起来。突然,他看见屋顶角上的一只蜘蛛,拉着丝垂了下来。一会儿工夫,蜘蛛又顺着丝爬上去,在上边左右拉丝。蜘蛛的"表演"使笛卡尔的思路豁然开朗。他想,可以把蜘蛛看作一个点。他在屋子里可以上、下、左、右运动,能不能把蜘蛛的每一个位置用一组数确定下来呢?他又想,屋子里相邻的两面墙与地面交出了三条线,如果把地面上的墙角作为起点,把交出来的三条线作为三根数轴,那么空间中任意一点的位置就可以在这三根数轴上找到有顺序的三个数。反过来,任意给一组三个有顺序的数也可以在空间中找到一点P与之对应,同样道理,用一组数(X,Y)可以表示平面上的一个点,平面上的一个点也

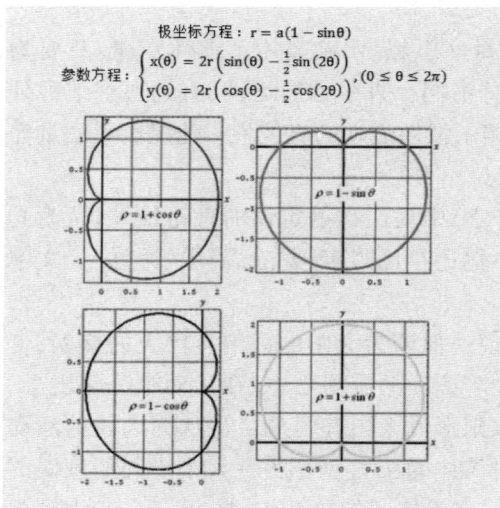

极坐标方程:$r = a(1 - \sin\theta)$

参数方程:$\begin{cases} x(\theta) = 2r\left(\sin(\theta) - \frac{1}{2}\sin(2\theta)\right) \\ y(\theta) = 2r\left(\cos(\theta) - \frac{1}{2}\cos(2\theta)\right) \end{cases}, (0 \leq \theta \leq 2\pi)$

$\rho = 1 + \cos\theta$

$\rho = 1 - \sin\theta$

$\rho = 1 - \cos\theta$

$\rho = 1 + \sin\theta$

可以用一组两个有顺序的数来表示,这就是坐标系的雏形。

《数学的故事》里面说到了数学家笛卡尔的爱情故事:

笛卡尔于1596年出生在法国,欧洲大陆爆发黑死病时他流浪到瑞典,认识了瑞典一个小公国18岁的小公主克里斯汀,后成为她的数学老师,日日相处使他们彼此产生爱慕之心,公主的父亲国王知道了后勃然大怒,下令将笛卡尔处死,后因女儿求情将其流放回法国,克里斯汀公主也被父亲软禁起来。笛卡尔回法国后不久便染上重病,他日日给公主写信,因被国王拦截,克里斯汀一直没收到笛卡尔的信。笛卡尔在给克里斯汀寄出第十三封信后就气绝身亡了,这第十三封信内容只有短短的一个公式:$r=a(1-\sin\theta)$。国王看不懂,觉得他们俩之间并不是总是说情话的,大发慈悲就把这封信交给一直闷闷不乐的克里斯汀,公主看到后,立即明了了恋人的意图,她马上着手把方程的图形画出来,看到图形,她开心极了,她知道恋人仍然爱着她,原来方程的图形是一颗心的形状。这也就是著名的"心形线"。

——参考江苏理工学院物理实验中心—物理世界—物理学家

走进物理

　　物理学史是研究物理学发展的学科，它是物理科学体系中重要的组成部分，也是高考考查的内容，解决这类题目的唯一捷径是要加强对这方面知识的积累。下面是一组关于力学部分的高考试题，看看你是否能正确解答。

　　1. (2009年·海南物理)在下面括号内列举的科学家中，对发现和完善万有引力定律有贡献的是：

　　_____（安培、牛顿、焦耳、第谷、卡文迪许、麦克斯韦、开普勒、法拉第）。

　　2. (2009年·上海物理)牛顿以天体之间普遍存在着引力为依据，运用严密的逻辑推理，建立了万有引力定律。在创建万有引力定律的过程中，牛顿_____。

　　A. 接受了胡克等科学家关于"吸引力与两中心距离的平方成反比"的猜想

　　B. 根据地球上一切物体都以相同加速度下落的事实，得出物体受地球的引力与其质量成正比，即 $F \propto m$ 的结论

　　C. 根据 $F \propto m$ 和牛顿第三定律，分析了地月间的引力关系，进而得出 $F \propto m_1 m_2$

　　D. 根据大量实验数据得出了比例系数 G 的大小

　　3. (2007年高考海南物理)16世纪末，伽利略用实验和推理，推翻了已在欧洲流行了近两千年的亚里士多德关于力和运动的理论，开启了物理学发展的新纪元。在以下说法中，与亚里士多德观点相反的是_____。

　　A. 四匹马拉的车比两匹马拉的车跑得快；这说明，物体受的力越大，速度就越大

　　B. 一个运动的物体，如果不再受力了，它总会逐渐停下来；这说明，静止状态才是物体长时间不受力时的"自然状态"

　　C. 两物体从同一高度自由下落，较重的物体下落较快

　　D. 一个物体维持匀速直线运动，不需要力

　　(参考答案：1. 第谷、开普勒、牛顿、卡文迪许　2. ABC　3.D)

二、光学部分(多普勒　斯涅耳　惠更斯　托马斯·杨)

(一)多普勒

　　奥地利物理学家、数学家。1803年11月29日出生于奥地利的萨尔茨堡(Salzburg)。多普勒在萨尔茨堡上完小学然后进入了林茨中学。1822年他开始在维也纳工学院学习，1825年他以优异的成绩毕业。后去维也纳大学学习高等数学，力学和天文学。

　　当多普勒在1829年在维也纳大学学习结束的时候，他被任命为高等数学

和力学教授助理,他在四年期间发表了四篇数学论文。1841年,他正式成为理工学院的数学教授。1842年,他在《论双星的颜色》一文中提出了"多普勒效应"(Doppler Effect),因而闻名于世。1850年,多普勒被委任为维也纳大学物理学院的第一任院长,1853年3月17日在意大利的威尼斯去世,年仅四十九岁。

多普勒效应有很多应用,例如天文学家观察到遥远星体光谱的红移现象,可以计算出星体与地球的相对速度,警方可用雷达侦测车速等。

（二）斯涅耳

威里布里德·斯涅耳 (Willebrord Snell Van Roijen 1591—1626年),荷兰莱顿人,数学家和物理学家,曾在莱顿大学担任过数学教授。斯涅尔最早发现了光的折射定律,从而使几何光学的精确计算成为了可能。

1621年,斯涅耳通过实验确立了折射定律。当时斯涅耳注意到了水中的物体看起来像漂浮的现象,并试图揭开其中的奥秘。由此便引出了他对折射现象的研究。在总结托勒密、开普勒等前人的研究成果后,斯涅耳做了进一步的实验。他指出:折射光线位于入射光线和法线所决定的平面内,入射光线和折射光线分别位于法线两侧,入射角的余割和折射角的余割的比值对于一定的两种媒质来说是一个常数。而笛卡尔约在1630年在《折光学》(1637年出版)中给出了我们现在熟悉的用正弦函数表述的折射定律。

斯涅耳的这一折射定律(也称斯涅耳定律)是从实验中得到的,未做任何的理论推导,虽然正确,但却从未正式公布过。只是后来惠更斯和伊萨克·沃斯两人在审查他遗留的手稿时,才看到这方面的记载。

斯涅耳在数学上也颇有成就,他善于实验和测量。1617年,他首创三角测绘方法,精确地测量了地球的大小。

（三）惠更斯

1. 生平简介

克里斯蒂安·惠更斯 (Christiaan Huygens 1629—1695年)荷兰物理学家、天文学家、数学家。1629年4月14日出生于海牙。惠更斯自幼聪慧,有很强的动手能力。1645年16岁时进入莱顿大学学习法律与数学,1647—1649年转入布雷

走进物理

达学院深造。致力于力学、光学、天文学及数学的研究。他善于把科学和理论研究结合起来,透彻地解决问题,因此在摆钟的发明、天文仪器的设计、弹性体碰撞和光的波动理论等方面都有突出成就。1663年他被聘为英国皇家学会第一个外国会员,1666年刚成立的法国皇家科学院选他为院士。惠更斯体弱多病,一心致力于科学事业,终生未婚。1695年7月8日在海牙逝世。

2. 主要成就

(1)惠更斯在1690年出版的《光论》一书中正式提出了光的波动说,建立了著名的惠更斯原理,同时还解释了光进入冰洲石(方解石)所产生的双折射现象。

(2)发明了摆钟。惠更斯在《摆钟论》一书中首次引进了"摆动中心"的概念。他制作了一个秒摆(周期为2秒的单摆),导出了单摆的运动公式。在精确地取摆长为3.0565英尺时,他算出了重力加速度为9.8米/秒^2。惠更斯和胡克还各自发现了螺旋式弹簧丝的振荡等时性,这为近代游丝怀表和手表的发明创造了条件。

(3)研究了完全弹性碰撞问题(当时叫"对心碰撞")。死后综合发表于《论物体的碰撞运动》(1703年)中,包括5个假设和13个命题,他纠正了笛卡尔不考虑动量方向性的错误,并首次提出完全弹性碰撞前后的守恒,它成为能量守恒的先驱。

(4)在数学方面1657年发表的《论赌博中的计算》,就是一篇关于概率论的科学论文(他是概率论的创始人),显示了他在数学上的造诣。从1651年起,对于圆、二次曲线、复杂曲线、悬链线、概率问题等发表了一些论著,他还研究了浮体和求各种形状物体的重心等问题。

(5)惠更斯在天文学方面也有很大的贡献。他利用自制的望远镜发现了在土星的旁边有一个薄而平的圆环,而且它很倾向地球公转的轨道平面。以后惠更斯又发现了土星的卫星——土卫六,并且还观测到了猎户座星云、火星极冠等。

(四)百科全书式科学家——托马斯·杨

1. 生平简介

托马斯·杨(1773—1829年)英国医生兼物理学家,光的波动说的奠基人之一。他从小就广泛阅读各种书籍,对古典书,文学书以及科学著作无所不好,并能一目数行,他精通绘画、音乐,几乎掌握当时的全部乐器,他一生研究

过力学、数学、光学、声学、生理光学、语言学、动物学、埃及学等,可以说是一位百科全书式的学者。

1773年6月13日生于萨默塞特郡的米菲尔顿。17岁时就已精读了牛顿的力学和光学著作,后来进入伦敦的圣巴塞罗缪医学院学医,21岁时即以他的第一篇医学论文成为英国皇家学会会员。为了进一步深造,他到爱丁堡和剑桥继续学习,后来又到德国哥廷根去留学。在那里,他受到一些德国自然哲学家的影响,开始怀疑起光的微粒说。1801年进行了著名的杨氏干涉实验,为光的波动说的复兴奠定了基础。1829年5月10日杨氏在伦敦逝世。

2. 科学成就

杨氏干涉实验已经进入中学物理课本:让通过一个小针孔S_0的一束光,再通过两个小针孔S_1和S_2,变成两束光。这样的两束光来自同一光源,所以它们是相干的,结果表明,在光屏上果然看见了明暗相间的干涉图样,后来,又以狭缝代替针孔,进行了双缝实验,得到了更明亮的干涉条纹。

他用这个实验首先引入干涉概念论证了波动说,又利用波动说解释了牛顿环的成因和薄膜的彩色。1801年他引入叠加原理,把惠更斯的波动理论和牛顿的色彩理论结合起来,成功地解释了规则光栅产生的色彩现象。1803年,他又用波动理论解释了障碍物影子具有彩色毛边的现象。1820年他用比较完善的波动理论对光的偏振作出了比较满意的解释,认为只要承认光波是横波,必然会产生偏振现象。

然而,这个自牛顿以来在物理光学上最重要的研究成果,在当时并没有受到应有的重视,还被权威们的舆论压制了近20年。杨并没有向权威低头,而是为此撰写了一篇论文,不过论文无处发表,只好印成小册子,据说发行后"只售出了一本"。杨在论文中勇敢地反击:"尽管我仰慕牛顿的大名,但是我并不因此而认为他是万无一失的。我遗憾地看到,他也会弄错,而他的权威有时甚至可能阻碍科学的进步。"

杨在物理光学领域的研究是具有开拓意义的,他第一个测量了7种光的波长,最先建立了三原色原理:指出一切色彩都可以从红、绿、蓝这三种原色中得到。杨对弹性力学也很有研究,后人为了纪念他的贡献,把纵向弹性模量称为杨氏模量。

三、电磁部分(安培 奥斯特 法拉第 麦克斯韦 赫兹)

(一)电动力学的先创者——安培

1. 生平简介

安培(1775—1836年),法国物理学家,对数学和化学也有贡献。1775年1月22日生于里昂一个富商家庭。年少时就显出数学才能。1802年他在布尔让—布雷斯中央学校任物理学和化学教授;1808年被任命为新建的大学联合组织的总监事,此后一直担任此职;1814年被选为帝国学院数学部成员;1819年主持巴黎大学哲学讲座;1824年担任法兰西学院实验物理学教授。1836年6月10日在巡视法国各大学途经马赛时逝世,终年61岁。

2. 主要科学成就

(1)发现了安培定则(右手定则),判断磁针转动方向和电流方向的关系。

(2)发现电流的相互作用规律:电流方向相同的两条平行载流导线互相吸引,电流方向相反的两条平行载流导线互相排斥。对两个线圈之间的吸引和排斥也做了讨论。

(3)发明了电流计。

(4)提出分子电流假说。安培认为构成磁体的分子内部存在一种环形电流——分子电流。由于分子电流的存在,每个磁分子成为小磁体,两侧相当于两个磁极。通常情况下磁体分子的分子电流取向是杂乱无章的,它们产生的磁场互相抵消,对外不显磁性。当外界磁场作用后,分子电流的取向大致相同,分子间相邻的电流作用抵消,而表面部分未抵消,它们的效果显示出宏观磁性。

(5)总结了电流元之间的作用规律——安培定律。安培做了关于电流相互作用的四个精巧的实验,并运用高度的数学技巧总结出电流元之间作用力的定律,描述两电流元之间的相互作用同两电流元的大小、间距以及相对取向之间的关系。后来人们把这定律称为安培定律。安培第一个把研究动电的理论称为"电动力学",1827年安培将他的电磁现象的研究综合在《电动力学现象的数学理论》一书中。这是电磁学史上一部重要的经典论著。为了纪念他在电磁学上的杰出贡献,电流的单位"安培"是以他的姓氏命名的。

3. 趣闻轶事

(1)怀表变卵石。安培思考科学问题专心致志,据说有一次,安培正慢慢地向他任教的学校走去,边走边思索着一个电学问题。经过塞纳河的时候,他随手拣起一块鹅卵石装进口袋。过一会儿，又从口袋里掏出来扔到河里。到学校后，他走进教室，习惯地掏怀表看时间，拿出来的却是一块鹅卵石，原来怀表已被扔进了塞纳河。

（2）马车车厢做"黑板"。安培在街上行走，走着走着，想出了一个电学问题的算式，正为没有地方运算而发愁。突然，他见到面前有一块"黑板"，就拿出随身携带的粉笔，在上面运算起来。那"黑板"原来是一辆马车的车厢背面。马车走动了，他也跟着走，边走边写，马车越来越快，他就跑了起来，一心一意要完成他的推导，直到他实在追不上马车了才停下脚步。停下来时，发现这并不是什么黑板，而是马车的后背。他望着车背上渐渐远去的数学公式，懊丧地叹了一口气："唉！可惜还没有算完"。

（二）奥斯特

1. 生平简介

丹麦物理学家。公元1777年8月14日生于兰格朗岛鲁德乔宾的一个药剂师家庭。1794年考入哥本哈根大学，1799年获博士学位。1801—1803年去德、法等国访问，结识了许多物理学家及化学家。1806年起任哥本哈根大学物理学教授，1815年起任丹麦皇家学会常务秘书。1820年因电流磁效应这一杰出发现获英国皇家学会科普利奖章。1829年起任哥本哈根工学院院长。1851年3月9日在哥本哈根逝世。

他是一位热情洋溢重视科研和实验的教师，他说："我不喜欢那种没有实验的枯燥的讲课，所有的科学研究都是从实验开始的"，因此受到学生欢迎。他还是卓越的讲演家和自然科学普及工作者，1824年倡议成立丹麦科学促进协会，创建了丹麦第一个物理实验室。

2. 科学成就

（1）1820年发现电流的磁效应。

（2）其他方面的成就：奥斯特曾经对化学亲合力等做了研究。

（3）出版了《奥斯特科学论文》集。他的重要论文在1920年整理出版，书名是《奥斯特科学论文》。

3. 趣闻轶事

（1）磁针的跳动，使他激动得摔了一跤

奥斯特受康德哲学思想的影响，一直坚信电和磁之间一定有某种关系，电一定可以转化为磁。当务之急是怎样找到实现这种转化的条件。奥斯特仔细地审查了库仑的论断,发现库仑研究的对象全是静电和静磁,确实不可能转化。他猜测,非静电、非静磁可能是转化的条件,应该把注意力集中到电流和磁体有没有相互作用的课题上去。他决心用实验来进行探索。

1819年上半年到1820年下半年,奥斯特一面担任电、磁学讲座的主讲,一面继续研究电、磁关系。1820年4月,在一次讲演快结束的时候,奥斯特抱着试试看的心情又做了一次实验。他把一条非常细的铂导线放在一根用玻璃罩罩着的小磁针上方,接通电源的瞬间,发现磁针跳动了一下。这一跳,使有心的奥斯特喜出望外,竟激动得在讲台上摔了一跤。但是因为偏转角度很小,而且不很规则,这一跳并没有引起听众注意。以后,奥斯特花了三个月,做了许多次实验,发现磁针在电流周围都会偏转。在导线的上方和导线的下方,磁针偏转方向相反。在导体和磁针之间放置非磁性物质,比如木头、玻璃、水、松香等,不会影响磁针的偏转。1820年7月21日,奥斯特写成《论磁针的电流撞击实验》的论文,正式向学术界宣告发现了电流磁效应。

(2)设立奥斯特奖章

奥斯特的功绩受到了学术界的公认,为了纪念他,国际上从1934年起命名磁场强度的单位为奥斯特,简称"奥"。1937年美国物理教师协会还专门设立了奥斯特奖章,来奖励教学有成绩的优秀物理教师。

(三)平凡而伟大的——法拉第

1. 生平简介

法拉第 (MichaelFaraday,1791—1867年),英国物理学家、化学家。1791年9月22日生于伦敦。父亲是铁匠,母亲识字不多,法拉第从小生长在贫苦的家庭中,不可能受到较多的教育。9岁时,父亲去世了。法拉第不得不去文具店当学徒。1805年到书店当图书装订工,这使他有机会接触到各类书籍。每当他接触到有趣的书籍时就贪婪地读起来,尤其是百科全书和有关电的书本,简直使他着了迷。繁重的体力劳动,无知和贫穷,都没有能阻挡法拉第向科学进军。

有一次,法拉第去听著名科学家戴维的讲座,他认真地记笔记,并把它装订成精美的书册。然后把这本笔记本和一封毛遂自荐的信于1812年圣诞节前夕,一起寄给戴维。在戴维的介绍下,法拉第终于进入皇家学院实验室并当了他的助手。

　　法拉第在实验室工作半年后,随戴维去欧洲旅行。对法拉第来说,这次旅行相当于上了"社会大学",他结识了许多科学家,如盖·吕萨克、安培等,还学到许多科学知识,大开眼界。法拉第回国后,发挥出惊人的才干,不断取得成果。1816年法拉第发表了第一篇科学论文。从1818年起他与人合作研究合金钢,首创了金相分析方法。1820年他用取代反应制得六氯乙烷和四氯乙烯。1821年任皇家学院实验室总监。1823年他发现了氯气和其他气体的液化方法。1824年被选为皇家学会会员。1825年2月接替戴维任皇家研究所实验室主任。同年发现苯。1831年发现电磁感应现象。1834年总结出法拉第电解定律。1837年他引入电场和磁场的概念,指出电和磁的周围都有场的存在。这打破了牛顿力学"超距作用"的传统观念。1838年,他提出了电力线的新概念来解释电、磁现象,这是物理学理论上的一次重大突破。1843年证明了电荷守恒定律。1845年发现了"磁光效应"。1852年,他又引进了磁力线的概念,从而为经典电磁学理论的建立奠定了基础。1858年,法拉第退休。1867年8月25日与世长辞,享年76岁。

　　2. 科学成就

　　(1)在物理学方面

　　法拉第在物理学方面的主要贡献是对电磁学进行了比较系统的实验研究,发现了电磁感应现象,总结出电磁感应定律;发明了电磁学史上第一台电动机和发电机;发现了电解定律;提出电场、磁场等重要概念。他是19世纪电磁领域中最伟大的实验家。他写成的巨著《电学的实验研究》,收集了3362个条目,详细记述了他做过的实验,总结出带有规律性的成果,是一部珍贵的科学文献。

　　①制作了历史上第一台电动机。1821年9月3日,法拉第重做了奥斯特的实验,他用小针放在载流铜导线周围的不同位置,发现小磁针有沿着环绕以导线为轴的圆周旋转的倾向。根据这一现象,法拉第设计制作了一种"电磁旋转器",让载有电流的导线在一个马蹄形磁铁的磁场中转动,这就是科学史上最早的一台电动机(如图(1))。

　　②发现了电磁感应现象。

　　③在实验基础上总结出法拉第电磁感应定律。

　　④制成第一台圆盘发电机(如图(2))。

　　⑤提出了电场和磁场的概念。

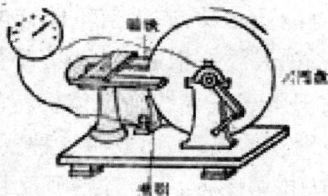

法拉第第一台圆盘发电机

(1)　　　　　　　　　　(2)

（2）在化学方面的贡献

①法拉第发现了电解第一和第二定律，开创了电化学领域，并且引入了阳极、阴极、阴离子，阳离子等现在仍在普遍使用的术语。

②他研究了氯，发现两种新的氯化碳，通过实验研究了气体扩散和几种气体的液化，还研究了合金钢的性能等。

3. 趣闻轶事

（1）当年提携恩情重，后来排挤反为仇

1812年12月的一天，英国青年化学家戴维爵士正在家里养病，一清早仆人把一大堆邮件整整齐齐放到沙发旁边的茶几上。戴维随手取出一只最大的信封，拆开来一看，是一本厚厚的书，有368页。硬封面上烫了金字："戴维爵士讲演录"。奇怪，那个出版商连招呼都不打一声，借了我的名字出书？再翻开内页，原来这300多页书竟是用漂亮的字体手工抄写的，而且附带了不少精美的插图。这下戴维如坠入五里雾中，莫名其妙。翻着，书中落下一张信笺，原来是封短信，大意是："我是一个刚刚满师的订书学徒，很热爱化学，有幸听过您4次讲演，整理了这本笔记，现送上。如能蒙您提携，改变我目前的处境，将不胜感激云云。"最后的签名是迈克尔·法拉第，戴维将信看了两遍，想自己也是苦出身，小时候挺淘气，多亏了伦福德伯爵的提携才有了今天，想到这里，不由动了恻隐之心，竟提起大鹅毛笔写了一封回信：

先生：承蒙寄来大作，读后不胜愉快。它展示了你巨大的热情，记忆力和专心致志的精神。最近我不得不离开伦敦，到一月底才能回来，到时我将在你方便的时候见您。

我很乐意为你效劳，我希望这是我力所能及的事。

亨·戴维

在戴维的大力推荐下，1812年3月法拉第才告别了整整干了7年的订书工生涯，到皇家学院上班，担任了实验室的助理工。

1820年皇家学会的沃拉斯特在了解了奥斯特的实验后,他想:既然电与磁有联系,电能让磁动,磁为何不能让电也动呢?他找过戴维,还设计了一个实验,在大磁铁旁放一根通电导线,看看它会不会转动,可没有成功。1821年当法拉第发现了载流导线绕磁体旋转的论文后,却传来了一些流言蜚语,说法拉第剽窃别人的成果,而散布这种言论的正是戴维。法拉第陷入十分苦恼之中,但是法拉第不愿因此与恩师反目,再说这些年来他也逆来顺受惯了。所以他在亲自登门向沃拉斯特解释之后,就悄然退出了电磁研究领域,而将注意力转向化学。这种人际关系的内耗使科学事业蒙受了损失。当时法拉第已经在日记中写下了"转磁为电"几个字。如果戴维此时能帮他一把的话,电磁感应现象也不会等到10年之后才被发现了。

1823年3月法拉第液化氯气成功了。皇家学会的会员们十分赞赏法拉第的才华,有29人(其中有沃拉斯特)联名报他当会员。戴维听说此事大发雷霆,气冲冲地要法拉第去划掉自己的名字,还说服学会的教授们撤销对法拉第作为会员候选人的提名。1824年1月在皇家学会就法拉第的会员资格进行无记名投票,其中有一张反对票,就是戴维投的。正是:当年提携恩情重,今天排挤反为仇。戴维这个人的心态也够复杂的。

法拉第一生中一直对自己的恩师怀着敬重和感激之情,晚年,法拉第还经常指着墙上戴维的画像颤抖地说:"这是一位伟大的人呀!"

(2)从无意中的觉察到伟大的发现

在法拉第的思想中,确信物理学所涉及的自然界的各种力是互相紧密地联系着的。他分析了电流的磁效应以后认为,既然电可以产生磁,反过来磁也应该能产生电。他在1822年的一篇日记中就写了这样的话:"把磁转化成电。"法拉第朝着这个目标,坚定不移地坚持实验、研究近十年,经历五次重大失败,终于发现了电磁感应现象。

1831年8月,法拉第做了一个新装置。他在直径6英寸的铁环的半边,用铜丝绕成线圈,接上电流计,在铁环的另一半也绕了一组线圈,接到由100个伏打电池连成的电池组上。合闸,法拉第觉得电流计的指针晃动了一下,他定神细看,指针仍指在零点,法拉第查看了桌上的仪器:A段的线圈仍连着电池组,B段的线圈仍连着电流计。"如果指针真的动过了,它应该不断地来回摆动,或者偏向一边啊!可现在指针为什么又指在零点不动呢?"法拉第想不出个所以然,只得动手拆线了。这时电流计上的指针又动了。这一回他看清楚了。这次指针是向与刚才相反的方向偏转,接着又回到了零点,法拉第反复地合上、拉开电闸,见到指针不住地来回摆动。为什么指针总是这样来回摆动呢?

法拉第百思不得其解。他给朋友查理·菲利浦斯的信中说:"我目前正忙于电磁研究,而且我想,我已经抓到了一点苗头,但是一时还讲不出什么道理。可是我在全力以赴之后,最后从水里抓到的,可能不是一条鱼,而是根稻草。"

发现了由磁生电的现象之后,法拉第又经过两个月的奋战,他找到了一种更为简单的办法,用一根蹄形磁铁和一个闭合线圈,也可以获得这种大小、方向不断变化的电流。

法拉第就在不断重复这个实验的时候,领悟到磁并不能产生电,只有运动的磁才能生电啊!许多年来,那么多有才华的科学家孜孜不倦、苦心探索的问题,答案竟是如此简单。他们之所以在电磁的大门外徘徊不前,原来是"静电"和"静磁"的框架束缚了他们的头脑。这说怪也不怪,大凡人们在思考问题的时候,总喜欢按习惯的方法和现有的思想体系来进行逻辑推理,这叫作思维定势。到了这一步创造能力已被窒息,再要前进就困难了。这时需要有胆识过人的科学家,敢于打破常规,另辟蹊径,才能出奇制胜。法拉第的成功也正在于这一点。

(3)"婴儿"的诞生预示着电气化时代的到来。

再说法拉第发现了"动磁生电"现象之后,很快总结它的规律。这一规律启发了法拉第去研制一种发电机:使导体有规律地切割磁力线,从而产生一股持续的电流。经过几天的琢磨,10月28日法拉第在他的日记本上画出了他构想的发电机草图。

一天法拉第在皇家学会表演他的发电机时,一位贵妇人冷冷地说:"这玩意儿有什么用呢?"法拉第机智地回答:"夫人,你不应当去问一个刚出生的婴儿会有什么出息,谁也不能预料婴儿长大成人之后会怎么样?"

(4)不爱金钱爱科学。

法拉第从小就善于思考,经常提出一些有意义的问题。有一天,他到一家订户送报,突然对花园的栏杆出了神,心想:如果我的头伸进栏杆里,而身子还在栏杆外,那么我究竟应该算在栏杆的哪一边呢?法拉第好提问题,以至别人这样来形容他:他的头"老是往前伸着,好像随时准备向别人提问题似的。"

法拉第在书店学徒时,他不但博览群书,而且用它们作指导,在宿舍里做了许多实验。他的工钱除了吃饭以外,几乎全部花在买实验用品上。后来,法拉第听了戴维的讲演,更下定了"献身于科学"的决心。据说法拉第为了进皇家学院实验室工作,戴维曾经同他进行过如下的谈话,戴维一边指着自己手上、脸上的伤疤,一边对法拉第说:"牛顿说过:'科学是个很厉害的女主人,对于为她献身的人,只给予很少的报酬。'她不仅吝啬,有时候还很凶狠呢。你看,我为她效劳十几年,她给我的就是这样的奖赏。"法拉第坚定地说:"我不怕这个!"戴维又说:"这里工资很低,或许还不如你当订书匠挣的钱多呢!"法拉第回答说:"钱多少我不在乎,只要有饭吃就行。"戴维追问一句:"你将来不会后悔吧?"法拉第频频点头说:"我决不后悔!"就这样,法拉第正式踏进了科学的殿堂。

法拉第在科学的征途上走过了半个多世纪,他始终如一地实践了自己"献身于科学"的诺言。由于法拉第在电学和化学研究上出了名,有一段时间,法院曾经聘请他做专家作证的工作。在不到一年时间里,法拉第获得了五千镑的报酬。这时候,一位朋友劝法拉第辞去皇家学会的研究工作,告诉他"如果继续干下去,每年可以稳赚二万五千镑"。当时皇家学会每年给法拉第的报酬只有五百镑。爱科学不爱金钱的法拉第经过郑重考虑,为了专心进行科学研究,毅然辞去了专家作证的工作。

法拉第经常不分昼夜地在实验室里工作,为了利用每一分钟时间,凡是和实验无关的事情,他尽量推辞、谢绝,他不去朋友家吃饭,不上剧院看戏。他不停地做实验,记笔记。在他的实验日记上,记满了"没有效果""没有反应""不行""不成"等字样。1855年出版的八卷《法拉第日记》就是他日夜辛勤工作的明证,他的一系列重大科学成果,就是他心血和汗水的结晶。法拉第退休以后还念念不忘皇家学院实验室,经常去那里扫地、擦桌子、整理仪器。

法拉第不计较名誉地位,更不计较钱财,他拒绝了制造商的高薪聘请,谢绝了大家提名他为皇家学会会长和维多利亚女皇授予他的爵位,终身在皇家学院实验室工作,甘愿当个平民,1867年8月25日,他在伦敦去世,尽管法拉第一生中获得各国赠给他的学位和头衔多达94个,而遵照他的"一辈子当个平凡的迈克尔·法拉第"的意愿,他的遗体被安葬在海洛特公墓,墓碑上只刻着三行字:迈克尔·法拉第,生于1791年9月22日,殁于1867年8月25日。后人为了纪念法拉第,特意用他的名字来命名电容的单位,简称"法"。

(四)经典电磁理论的创始人——麦克斯韦

1. 生平简介

麦克斯韦(James Clerk Maxwel,1831—1879年)英国物理学家,1831年6月13日生于英国爱丁堡的一个地主家庭,8岁时母亲去世,在父亲的诱导下学习科学,16岁时进入爱丁堡大学,1850年转入剑桥大学研习数学,1854年以优异成绩毕业于该校三一学院数学系,并留校任职。1856年到阿伯丁的马里沙耳学院任自然哲学教授。1860年到伦敦任皇家学院自然哲学及天文学教授。1865年辞去教职还乡,专心治学和著述。1871年受聘为剑桥大学的实验物理学教授,负责筹建该校的第一所物理学实验室——卡文迪许实验室,1874年建成后担任主任。1879年11月5日在剑桥逝世,终年只有49岁。

2. 科学成就

(1)麦克斯韦在物理学中的最大贡献是建立了统一的经典电磁场理论和光的电磁理论,预言了电磁波的存在。而这种理论预见后来得到了实验证实。

1873年,麦克斯韦完成巨著《电磁学通论》,这是一部可以同牛顿的《自然哲学的数学原理》相媲美的书,具有划时代的意义。

(2)麦克斯韦在电磁学实验方面也有重要贡献。他建立了实验验证的严格理论,并重复卡文迪许的实验,将实验精度提高了3个数量级,他的验证理论成为后世精确验证静电力平方反比定律的依据。此外他还发明了麦克斯韦电桥。

(3)麦克斯韦在分子动理论方面的功绩也是不可磨灭的。他运用数学统计的方法导出了分子运动的麦克斯韦速度分布律。还研究过土星的光环和视觉理论,创立了定量色度学。他负责建立起来的卡文迪许实验室,在他和以后几位主任的领导下,发展成为名闻世界的学术中心之一。

爱因斯坦在自传中说:"在我求学的时代,最吸引人的题目就是"麦克斯韦的理论""特殊的相对论起源于麦克斯韦的电磁场方程"。1931年,在纪念麦克斯韦诞生100周年时,爱因斯坦把麦克斯韦的电磁场贡献评价为"自牛顿时代"以来物理学所经历的最深刻最有成效的变化。"

3. 趣闻轶事

(1)从"乡巴佬"到"神童"

麦克斯韦8岁那年,母亲去世,但在父亲深情的关照和详尽的指导下,加上自己的勇气和求知欲,麦克斯韦的童年仍然充满着美好。当他10岁进入爱丁堡中学读书时,衣着土里土气,带着浓重的乡下口音,在班里受到出身名门的富家子弟的嘲笑、欺侮,叫他"乡巴佬",但他十分顽强,勤奋学习,不受干扰,很快就显示出自己的才华,扭转了别人的看法。他在全校的数学竞赛和诗歌比赛中都取得了第一名,成了有名的"神童"。"神童"不是天生的,是他强烈的求知欲望和刻苦钻研的结果。麦克斯韦从小就有很强的求知欲和想象力,爱思考,好提问。据说还在他两岁多的时候,有一次爸爸领他上街,看见一辆马车停在路旁,他就问:"爸爸,那马车为什么不走呢?"父亲说:"它在休息。"麦克斯韦又问:"它为什么要休息呢?"父亲随口说了一句:"大概是累了吧?""不,"麦克斯韦认真地说,"它是肚子疼!"还有一次,姨妈给麦克斯韦带来一篮苹果,他一个劲地问:"这苹果为什么是红的?"姨妈不知道怎么回答,就叫他去玩吹肥皂泡。谁知他吹肥皂泡的时候,看到肥皂泡上五彩缤纷的颜色,提的问题反而更多了。上中学的时候,他还提过象"死甲虫为什么不导电""活猫和活狗摩擦会生电吗"等问题。父亲很早就教麦克斯韦学几何和代数。上中学以后,课本上的数学知识麦克斯韦差不多都会了,因此父亲经常给他开"小灶",让他带一些难题到学校里去做。每当同学们欢蹦乱跳地玩的时候,麦克斯韦却进入了数学的乐园,他常常一个人躲在教室的角落里,或者独自坐在树荫下,入迷地思考和演算着数学难题。

麦克斯韦在上课的时候,总是认真听讲,积极思考。他不但爱提一些别出心裁的问题,而且还能纠正老师讲课中出现的错误。据说有一次,他发现一位讲师写的公式有错误,立即站起来作了报告。老师很自信,挖苦地说:"如果是你对了,我就把它叫作麦氏公式!"后来老师回家一验算,果然是麦克斯韦对了。

(2)巧遇名师

19岁的麦克斯韦初到剑桥,一切都觉得新鲜。这一时间,麦克斯韦专攻数学,读了大量的专著。不过,他读书不大讲系统性。有时候,为了钻研一个问题,他可以接连几个星期什么事都不干,有时候他又可能见到什么读什么,漫无边际。

这个善于学习和思考的年轻人,需要名师点拨,才能放出异彩。幸运的是,一次偶然的机会,麦克斯韦果然遇到了一位好老师,这就是霍普金斯。霍普金斯是剑桥大学数学教授,一天,他到图书馆借书,他要的一本数学专著不巧被一位学生先借走了。那书是一般学生不可能读懂的,教授有些奇怪。他询问借书人名字,管理员答道"麦克斯韦"。教授找到麦克斯韦,看见年轻人正埋头摘抄,笔记本上涂得五花八门,毫无头绪,房间里也是乱糟糟的。霍普金斯不禁对青年发生了兴趣,诙谐地说:"小伙子,如果没有秩序,你永远成不了优秀的数学物理家。"从这一天开始,霍普金斯成了麦克斯韦的指导教授。

霍普金斯很有学问,培养过不少人才。麦克斯韦在他的指教下,首先克服了杂乱无章的学习方法。霍普金斯对他的每一个选题,每一步运算都要求很严。这位导师还把麦克斯韦推荐到剑桥大学的尖子班学习,这个班由有多方面成就的威廉·汤姆生(开尔文)和数学家斯托克主持,他俩也曾是霍普金斯的学生,数学造诣很高。经这两位优秀数学家的指点,麦克斯韦进步很快,不到三年,就掌握了当时所有先进的数学方法,成为有为的青年数学家。霍普金斯曾对人称赞他说:"在我教过的所有学生中,毫无疑问,这是我所遇到的最杰出的一个。"

(3)接过大师的火炬

1854年,麦克斯韦毕业后不久,就读到了法拉第的名著《电学实验研究》。法拉第在这书中,把他数十年研究电磁现象的心得归结为"力线"的概念。法拉第做了一个构思精细、设计巧妙的实验:把铁粉撒在磁铁周围,铁粉就呈现出有规则的曲线,从一磁极到另一磁极,连续不断。法拉第把这种曲线称为力线,他还进一步用实验证明,这种力线具有物理性质。他把布满磁力线的空间称为磁场,而磁力就是通过连续磁场传递的。麦克斯韦完全被书中的实验和新颖的见解吸引住了。法拉第的著作,把他带到一个崭新的知识领域,使他无比神往。

一年之后,24岁的麦克斯韦发表了《法拉第的力线》,这是他第一篇关于电磁学的论文。在论文中,麦克斯韦通过数学方法,把电流周围存在磁力线这一特征,概括为一个数学方程。这一年,恰好法拉第结束了长达30多年的电学研究,在科学笔记上写下了最后的一页。麦克斯韦接过了这位伟大先驱手中的火炬,开始向电磁领域的纵深挺进。

四年后,在一个晴朗的春天,麦克斯韦特意去拜访法拉第。他们虽然通信几年了,还没有见过面。这是一次难忘的会晤,两人一见如故,亲切交谈起来。

阳光照耀着这两位伟人。他们在年龄上相隔四十年,在性情、爱好、特长等方面也颇不相同,可是他们对物质世界的看法却产生了共鸣。这真是奇妙的结合:法拉第快活、和蔼,麦克斯韦严肃、机智。老师是一团温暖的火,学生是一把锋利的剑。麦克斯韦不善于说话,法拉第演讲起来娓娓动听。

两人的科学方法也恰好相反:法拉第专于实验探索,麦克斯韦擅长理论概括。

在谈话中,法拉第提到了麦克斯韦四年前的论文《法拉第的力线》。当麦克斯韦征求他的看法时,法拉第说:"我不认为自己的学说一定是真理,但你是真正理解它的人。""先生能给我指出论文的缺点吗?"麦克斯韦谦虚地说。

"这是一篇出色的文章",法拉第想了想说,"可是你不应停留于用数学来解释我的观点,而应该突破它。"

"突破它!"法拉第的话大大地鼓舞了麦克斯韦,他立即以更大的热忱投入了新的战斗,要把法拉第的研究向前推进一步。

麦克斯韦在紧张的研究中,两年的时光过去了。这是努力探求的两年,也是丰收的两年。

1862年,麦克斯韦在英国《哲学杂志》上,发表了第二篇电磁论文《论物理的力线》。文章一登出来,立即引起了强烈的反响。这是一篇划时代的论文,它与七年前麦克斯韦的第一篇电磁论文相比,有了质的飞跃。因为《论物理的力线》,不再是法拉第观点单纯的数学解释,而是有了创造性的引申和发展。

麦克斯韦从理论上引出了位移电流的概念,这是电磁学上继法拉第电磁感应提出后的一项重大突破。

麦克斯韦并未到此为止。他再一次发挥自己的数学才能,由这一科学假设出发,推导出两个高度抽象的微分方程式,这就是著名的麦克斯韦方程式。这组方程不仅圆满地解释了法拉第电磁感应现象,还作了推广:凡是有磁场变化的地方,周围不管是导体或者介质,都有感应电场存在。方程还证明了,不仅变化的磁场产生电场,而且变化的电场也产生磁场。经过麦克斯韦创造性的总结,电磁现象的规律,终于被他用明确的数学形式揭示出来。电磁学到此才开始成为一种科学的理论。

麦克斯韦继续向电磁领域的深度进军。1865年,他发表了第三篇电磁学论文。在这篇重要文献中,麦克斯韦方程的形式更完备了。他并且采用一种新的数学方法,由方程组直接推导出电场和磁场的波动方程,从理论上证明了电磁波的传播速度正好等于光速,这与麦克斯韦四年前用实验推算出的结论完全一致。至此,电磁波的存在是确信无疑了。

于是,麦克斯韦大胆地宣布:世界上存在一种尚未被人发现的电磁波,它看不见,摸不着,但是它充满在整个空间。光也是一种电磁波,只不过它可以被人看见而已。

麦克斯韦的预言,震动了整个物理界,麦克斯韦《电磁学通论》的出版,成了当时物理学界的一件大事,第一版几天内就销售一空。

(五)赫兹

海因里希·鲁道夫·赫兹 (Heinrich Rudolf Hertz,1857年2月22日—1894年1月1日),德国物理学家,于1888年首先证实了电磁波的存在。并对电磁学有很大的贡献,故频率的国际单位制单位赫兹以他的名字命名。

赫兹生于汉堡,早在少年时代就被光学和

力学实验所吸引。十九岁入德累斯顿工学院学工程，由于对自然科学的爱好，次年转入柏林大学，在物理学教授亥姆霍兹指导下学习。1885年任卡尔鲁厄大学物理学教授。1889年，接替克劳修斯担任波恩大学物理学教授，1894年赫兹在德国波恩离世，享年36岁。

赫兹对人类最伟大的贡献是用实验证实了电磁波的存在。

1887年11月5日，赫兹在寄给亥姆霍兹一篇题为《论在绝缘体中电过程引起的感应现象》的论文中，总结了这个重要发现。接着，赫兹还通过实验确认了电磁波是横波，具有与光类似的特性，如反射、折射、衍射等，并且实验了两列电磁波的干涉，同时证实了在直线传播时，电磁波的传播速度与光速相同，从而全面验证了麦克斯韦的电磁理论的正确性。此外，赫兹又做了一系列实验。他研究了紫外光对火花放电的影响，发现了光电效应，即在光的照射下物体会释放出电子的现象。这一发现，后来成了爱因斯坦建立光量子理论的基础。1888年1月，赫兹将这些成果总结在《论动电效应的传播速度》一文中。赫兹实验公布后，轰动了全世界的科学界。由法拉第开创，麦克斯韦总结的电磁理论，至此才取得决定性的胜利。1888年，成了近代科学史上的一座里程碑。赫兹的发现具有划时代的意义，它不仅证实了麦克斯韦发现的真理，更重要的是开创了无线电电子技术的新纪元。

四、近代物理学部分(爱因斯坦　普朗克　玻尔　卢瑟福　居里)

(一)现代物理学之父——爱因斯坦

1. 生平简介

1879年，阿尔伯特·爱因斯坦（Albert Einstein）出生在德国西南部古城乌耳姆的一个犹太人家庭。父亲是个电工设备店店主。母亲是个有成就的钢琴家。1880年，他随全家搬到慕尼黑，就在那里度过了他的童年生活。他好像发育比较慢，三岁才开始讲话，被人认为是反应迟钝的孩子。直到中学时，有些教师还认为他长大了不会有出息。当他六岁时，母亲就教他学习小提琴，十四岁时就已经能登台演奏了。在他的一生中，小提琴一直伴随着他。十岁时，爱因斯坦进入慕尼黑教会中学读书。不过他的基础知识却是源于家庭和自学。在中学的成绩除数学优秀之外，其他学科均属低下，因而在1894年受到了退学处分。同

年,他离开德国,于1895年去苏黎世投考瑞士联邦工业大学,但未被取录,只得转学到一间中学。第二年,他考进联邦工业大学师范系学习物理学。大学四年,他的主要精力不是用于正规课程,而是自学一些名家的著作。既使他很少上课,但是他靠着同学所摘下的课堂笔记,仍能取得及格的成绩。爱因斯坦于1900年毕业,由于学业成绩并不突出,他找不到一个教职。

1902年,爱因斯坦终于在伯尔尼找到了联邦专利局审查员的职务。此时他利用工余时间继续自修理论物理。1905年,二十六岁的爱因斯坦发表了四篇在物理学各领域中最富有创造性的伟大论文。1913年,普朗克和能斯特代表普鲁士科学院邀请爱因斯坦回德国工作。1914年,他担任威廉大帝物理研究所所长兼柏林大学教授。这个教职给予了爱因斯坦经济上的支持,使他能够全时间从事研究工作。1916年,爱因斯坦发表了《广义相对论基础》,这是关于广义相对论的第一篇完整的论文,也是对这项工作的总结。1933年因受纳粹德国的迫害,爱因斯坦迁居美国,任普林斯顿高等学术研究院教授。1940年取得美国国籍,1955年病逝普林斯顿。

2. 科学成就

(1)早期工作

爱因斯坦早期的工作主要在热力学和统计物理方面,在1900—1904年间,他每年都有发表一篇论文发表在德国《物理学杂志》。这些早期的工作为他在1905年辐射理论和分子动理论方面的重大突破奠定了基础。

(2)1905年的奇迹

1905年3月,发表《关于光的产生和转化的一个试探性观点》,认为光是由分离的粒子所组成。爱因斯坦解释光也是由小的能量粒子(光量子)组成的,并且量子可以像单个的粒子那样运动。"光量子"理论把1900年普朗克创立的量子论大大推进一步,揭示了微观世界的基本特征:波动——粒子二元性。

1905年4月,发表《分子大小的新测定方法》,推导出了计算扩散速度的数学公式,该文使他获得苏黎世大学的哲学博士学位。

1905年5月,发表一篇用布朗运动解释微小颗粒随机游走的现象的论文《热的分子运动论所要求的静液体中悬浮粒子的运动》。这篇论文是对布朗运动这种平移扩散的开创性研究。

1905年6月,发表《论动体的电动力学》一文。首次提出了狭义相对论基本原理,论文中提出了两个基本公理:"光速不变"以及"相对性原理"。

1905年9月,刊出《物体的惯性同它所含的能量有关吗?》认为"物体的质量可以度量其能量",随后导出了$E=mc^2$的公式。

（3）量子论的进一步开拓

爱因斯坦的光量子论的提出，遭到几乎所有老一辈物理学家反对。尽管如此，他依然孤军奋战，坚持不懈地发展量子理论。他把量子概念扩展到物质内部振动、光化学现象及统计物理学的研究中，在许多领域中做出了开拓性成就。

（4）广义相对论的探索

狭义相对论建立后爱因斯坦并不感到满足，力图把相对性原理的适用范围推广到非惯性系。他从伽利略发现的引力场中一切物体都具有同一加速度（即惯性质量同引力质量相等）这一古老实验事实找到了突破口，于1907年提出了等效原理，此后经过曲折的探索，终于在1915年完成了被公认为人类思想史中最伟大的成就之一的广义相对论。

在1915—1917年的3年中是爱因斯坦科学成就的第二个高峰时期，类似于1905年，他也在三个不同领域中分别取得了历史性成就。除了1915年最后建成了被公认为人类思想史中最伟大的成就之一的广义相对论以外，1916年在辐射量子论方面又作出了重大突破，1917年又开创了现代科学的宇宙学。

（5）对统一场论的漫长而艰难的探索

建成广义相对论后，爱因斯坦依然没有满足，致力于寻求一种能将引力场与电磁场，将相对论与量子论统一起来的统一场论，这耗费了他后半生的精力，始终没有完成。

3. 趣闻轶事

（1）惊奇

阿尔伯特到了四五岁，还不大会说话。父母亲心里着急："难道小阿尔伯特是低能儿，是智力残疾？不，不可能，他那双棕色的大眼睛多么明亮。他那可爱的小脑袋这样一歪，一个人躲在角落里玩，有多少聪明的怪主意呢！可是他的小嘴为什么不说话呢？"他们请来了医生。孩子当然没有病。不善于说话，不喜欢说话，那不是病。可是有一天，阿尔伯特似乎真的有些不正常了，父亲拿来一个小罗盘给他玩。孩子的小手捧着罗盘，只见中间那根针在轻轻地抖动，指着北边。他把盘子转过去，那根针不听他的话，照样指着北边。他把罗盘捧在胸前，扭转身子，再猛扭过去，可是那根针又回来了，还是指着北边。不管他怎样转，那根细细的红色磁针一直指着北边。阿尔伯特惊讶了，他张大眼睛，盯着玻璃下面那根红色的小针。"是什么东西使它总是指向北边呢？这根针四周什么也没有，是什么力量推着它指向北边的呢？"他想问父亲，可是话到了嘴边，说不出来。他被这神奇的现象惊得目瞪口呆。小小的罗盘，里面那根按照一定规律行动的磁针，唤起了这位未来的科学家的好奇心——探索事物原委的好奇心。这种神怪的好奇心,正是萌生科学的幼苗。

(2)小城因伟人而闻名

普林斯顿是美国东部的一个大学城,它只有几千人口。这个小城,依旧是古风纯朴,阳光灿烂,林荫道上的行人稀稀疏疏,道路两旁星星点点散布着一些一两层楼的小房子。红色的屋顶,白色的墙,掩映在郁郁葱葱的树木丛中,每一座房子都像绿色海洋中的一个孤岛。这里就像莱顿小城和苏黎世湖畔那样娴雅幽静,具有古老欧洲的情趣。

1933年,一个秋天的下午,爱因斯坦摆脱了警卫的影子、记者的跟踪和好奇者惊讶的目光,悄悄地来到普林斯顿的一座房子面前,半个小时之后爱因斯坦就溜出来逛马路,开始了在普林斯顿的新生活。

从此以后,普林斯顿这个僻静的小城和一个伟大的名字联系在一起,成了科学的圣地。人们到这里来拜访爱因斯坦,旁听他的课,瞻仰他的风采。爱因斯坦给普林斯顿带来光荣,普林斯顿人以爱因斯坦为自己的骄傲。他们感到骄傲,是因为这位伟人像个普通人那样,生活在他们中间。你可以看到他嘴里含着冰棍,脚上穿着拖鞋在马路上走过,要是他在田野里散步,你想替他拍一张照,他会耐心地摆好姿势让你拍,等你拍完,再继续他的散步……普林斯顿人尊敬他,热爱他。大学生编了一支歌,在马路上唱:

谁数学最棒?

谁爱上微积?

谁不喝酒,只喝水?

——我们的爱因斯坦老师!

我们的老师饭后不散步,

我们的老师时间最珍贵。

我们要请天上的造物主,

把爱因斯坦老师的头发剪短些!

关于爱因斯坦,流传着数不清的趣闻轶事。每一则趣闻都代表一份敬意,每一件轶事都带来一份爱意。

譬如,爱因斯坦的心不在焉,就有许多故事。他在比利时王后"御笔"题赠给他的诗的背后做计算。他在鞋店的发票背面写好答词,跑到庄严的授奖仪式上去掏出来宣读。有一则故事发生在柏林:一次他在朋友家里吃饭,边吃边和主人讨论问题。忽然间来了灵感,他抄起钢笔,在口袋里找纸,一时找不着,就在主人家的新桌布上写开了公式。还有一则故事发生在他刚到普林斯顿后不久。

一天，普林斯顿大学研究院院长办公室里的电话响了。秘书拿起听筒，听到德国口音很重的英语。

"我能不能和院长讲话呀？"

"很抱歉，院长出去了，"秘书回答说。

"那么，也许，嗯……你能告诉我爱因斯坦博士住在什么地方吧！"

当时有规定，绝对不准干扰爱因斯坦的研究工作，连罗斯福总统邀请爱因斯坦到白宫去作客，都要事先征得院长同意。因此，秘书很客气地拒绝回答爱因斯坦住在什么地方。这时，电话听筒里的声音变低了，低得几乎听不见。

"请你别对人讲，我就是爱因斯坦博士。我要回家去，可是忘了家在哪里了。"

关于他的谦虚、纯朴、善良和幽默，也有许多故事。一个中学生听老师说，爱因斯坦是世界上最伟大的数学家，就写信问他一道几何题的解法。他果真用颤巍巍的手写了回信，给那个孩子解几何题。

有一个故事是这样的：普林斯顿有个十二岁的女孩子，在放学回家的时候，总是跑到爱因斯坦家里去玩。妈妈发现之后，把孩子骂了一顿，同时赶紧来向爱因斯坦道歉，说女孩子不懂事，浪费了教授许多宝贵时间。爱因斯坦笑着说："噢，不用道歉。她带甜饼给我吃，我帮她做算术题。不过，我从她那里学到的东西，恐怕比她从我这里学到的东西还要多。"

还有一个故事说：一群大学生说说笑笑，跑来问爱因斯坦，什么叫相对论。他回答说："你坐在一个漂亮姑娘旁边，坐了两小时，觉得只过了一分钟；如果你紧挨着一个火炉，只坐了一分钟，却觉得过了两个小时，这就是相对论。"

（二）量子力学的创始人——普朗克

马克斯·普朗克（1858年4月23日—1947年10月4日），德国物理学家，量子力学的创始人，20世纪最重要的物理学家之一，因发现能量量子而对物理学的进展做出了重要贡献，并在1918年获得诺贝尔物理学奖。量子力学的发展被认为是20世纪最重要的科学发展，其重要性可以同爱因斯坦的相对论相媲美。

1. 生平简介

1858年4月23日生于基尔。1867年随家迁往慕尼黑，普朗克在慕尼黑度过了少年时期，1874年入慕尼黑大学。慕尼黑的物理学教授菲利普·冯·约利（Philipp von Jolly，1809—1884年）曾劝说普朗克不要学习物理,他认为"这门科学中的一切都已经被研究了,只有一些不重要的空白需要被填补",这也是当时许多物理学家所坚持的观点,但是普朗克回复道:"我并不期望发现新大陆,只希望理解已经存在的物理学基础,或许能将其加深。"普朗克在1874年在慕尼黑开始了他的物理学学业。1877—1878年,去柏林大学听过数学家外尔斯特拉斯和物理学家亥姆霍兹和基尔霍夫的讲课。普朗克晚年回忆这段经历时说,这两位物理学家的人品和治学态度对他有深刻影响,但他们的讲课却不能吸引他。在柏林期间,普朗克认真自学了克劳修斯的主要著作《力学的热理论》,使他立志去寻找像热力学定律那样具有普遍性的规律。1878年10月,普朗克在慕尼黑完成了教师资格考试,1879年2月递交了他的博士论文《关于热力学第二定律》,1880年6月以论文《各向同性物质在不同温度下的平衡态》获得大学任教资格。1880年在慕尼黑大学担任物理讲师,1885年被基尔大学聘为理论物理特约教授。1888年基尔霍夫逝世后,柏林大学任命他为基尔霍夫的继任人(先任副教授,1892年后任教授)和理论物理学研究所主任。1900年,他在黑体辐射研究中引入能量量子。由于这一发现对物理学的发展作出的贡献,他获得1918年诺贝尔物理学奖。

自20世纪20年代以来,普朗克成了德国科学界的中心人物,与当时德国以及国外的知名物理学家都有着密切联系。1918年被选为英国皇家学会会员,1930—1937年他担任威廉皇帝协会会长。在那时期,柏林、哥廷根、慕尼黑、莱比锡等大学成为世界科学的中心,是同普朗克、W·能斯脱、A·索末菲等人的努力分不开的。在纳粹攫取德国政权后,以一个科学家对科学、对祖国的满腔热情与纳粹分子展开斗争。1947年10月4日在哥廷根逝世。

2. 科学成就

(1)普朗克早期的研究领域主要是热力学。他的博士论文就是《论热力学的第二定律》。此后,他从热力学的观点对物质的聚集态的变化、气体与溶液理论等进行了研究。

(2)提出能量子概念。

普朗克在物理学上最主要的成就是提出著名的普朗克辐射公式,创立能量子概念。

19世纪末,人们用经典物理学解释黑体辐射实验的时候,出现了著名的所谓"紫外灾难"。普朗克从1896年开始对热辐射进行了系统的研究。他经过几年艰苦努力,终于导出了一个和实验相符的公式。他于1900年10月下旬在《德国物理学会通报》上发表一篇只有三页纸的论文,题目是《论维恩光谱方程的完善》，第一次提出了黑体辐射公式。12月14日，在德国物理学会的例会上，普朗克作了《论正常光谱中的能量分布》的报告。在这个报告中，他激动地阐述了自己最惊人的发现。他说，为了从理论上得出正确的辐射公式，必须假定物质辐射(或吸收)的能量不是连续地，而是一份一份地进行的，只能取某个最小数值的整数倍。这个最小数值就叫能量子，辐射频率是ν的能量的最小数值ε=hν。其中h，普朗克当时把它叫作基本作用量子，现在叫作普朗克常数。普朗克常数是现代物理学中最重要的物理常数，它标志着物理学从"经典幼虫"变成"现代蝴蝶"。1906年普朗克在《热辐射讲义》一书中，系统地总结了他的工作，为开辟探索微观物质运动规律新途径提供了重要的基础。

3. 趣闻轶事

普朗克为人谦虚，作风严谨。在1918年4月德国物理学会庆贺他60寿辰的纪念会上，普朗克致词说："试想有一位矿工，他竭尽全力地进行贵重矿石的勘探，有一次他找到了天然金矿脉，而且在进一步研究中发现它是无价之宝，比先前可能设想的还要贵重无数倍。假如不是他自己碰上这个宝藏，那么无疑地，他的同事也会很快地、幸运地碰上它的。"这当然是普朗克的谦虚。洛仑兹在评论普朗克关于能量子这个大胆假设的时候所说的话，才道出了问题的本质。他说："我们一定不要忘记，这样灵感观念的好运气，只有那些刻苦工作和深入思考的人才能得到。"

(三)玻尔

量子论——震动的微粒子的解说者尼尔斯·亨利克·大卫·玻尔(Niels Henrik David Bohr，1885—1962年)丹麦物理学家，哥本哈根学派的创始人。

1. 生平简介

1885年10月7日生于哥本哈根，1903年入哥本哈根大学数学和自然科学系，主修物理学。1907年以有关水的表面张力的论文获得丹麦皇家科学文学院的金质奖章，并先后于1909年和1911年分别以关于金属电子论的论文获得哥本哈根大学的科学硕士和哲学博士学位。随后去英国学习，先在剑桥汤姆孙主持的卡文迪什实验室，几个月后转赴曼彻斯特，参加了以卢瑟福为首的科学集体，从此和卢瑟福建立了长期的密切关系。

1913年玻尔任曼彻斯特大学物理学助教，1916年任哥本哈根大学物理学教授，1917年当选为丹麦皇家科学院院士。1920年创建哥本哈根理论物理

研究所,任所长。1922年玻尔荣获诺贝尔物理学奖。1923年接受英国曼彻斯特大学和剑桥大学名誉博士学位。1937年5、6月间,玻尔曾经到过我国访问和讲学。1939年任丹麦皇家科学院院长。第二次世界大战开始,丹麦被德国法西斯占领。1943年玻尔为躲避纳粹的迫害,逃往瑞典。1944年玻尔在美国参加了和原子弹有关的理论研究。1947年丹麦政府为了表彰玻尔的功绩,封他为"骑象勋爵"。1952年玻尔倡议建立欧洲原子核研究中心(CERN),并且自任主席。1955年他参加创建北欧理论原子物理学研究所,担任管委会主任。同年丹麦成立原子能委员会,玻尔被任命为主席。1962年11月18日,玻尔因心脏病突发在丹麦的卡尔斯堡寓所逝世,享年75岁。

2. 科学成就

玻尔从1905年开始他的科学生涯,一生从事科学研究,整整达57年之久。他的研究工作开始于原子结构未知的年代,结束于原子科学已趋成熟,原子核物理已经得到广泛应用的时代。他对原子科学的贡献使他无疑地成了20世纪上半叶与爱因斯坦并驾齐驱的、最伟大的物理学家之一。

(1)原子结构理论。在1913年发表的长篇论文《论原子构造和分子构造》中创立了原子结构理论,为20世纪原子物理学开辟了道路。

(2)创建著名的"哥本哈根学派"。1921年,在玻尔的倡议下成立了哥本哈根大学理论物理学研究所。玻尔领导这一研究所先后达40年之久。这一研究所培养了大量的杰出物理学家,在量子力学的兴起时期曾经成为全世界最重要、最活跃的学术中心,而且至今仍有很高的国际地位。

(3)创立互补原理。1928年玻尔首次提出了互补性观点,试图回答当时关于物理学研究和一些哲学问题。其基本思想是,任何事物都有许多不同的侧面,对于同一研究对象,一方面承认了它的一些侧面就不得不放弃其另一些侧面,在这种意义上它们是"互斥"的;另一方面,那些另一些侧面却又不可完全废除的,因为在适当的条件下,人们还必须用到它们,在这种意义上说二者又是"互补"的。

(4)在原子核物理方面的成就。他在20世纪30年代中期提出了核的液滴模型,这种模型能够解释某些实验事实,是历史上第一种相对正确的核模型。在这样的基础上,他又于1936年提出了复合核的概念,认为低能中子在进入原子核内以后将和许多核子发生相互作用而使它们被激发,结果就导致核的蜕变。这种颇为简单的关于核反应机制的图像至今也还有它的用处。

当迈特纳和弗里施根据哈恩等人的实验提出了重核裂变的想法时,玻尔等人立即理解了这种想法并对裂变过程进行了更详细的研究，玻尔并且预言了由慢中子引起裂变的是铀–235而不是铀–238。他和惠勒于1939年在《物理评论》上发表的论文，被认为是这一期间核物理学方面的重要成就。众所周知，这方面的研究导致了核能的大规模释放。

3. 趣闻轶事

（1）不怕承认自己是傻瓜

玻尔是量子力学中著名的哥本哈根学派的领袖，他以自己的崇高威望在他周围吸引了国内外一大批杰出的物理学家，创建了哥本哈根学派。他们不仅创建了量子力学的基础理论，并给予合理的解释，使量子力学得到许多新应用，如原子辐射、化学键、晶体结构、金属态等。更难能可贵的是，玻尔与他的同事在创建与发展科学的同时，还创造了"哥本哈根精神"——这是一种独特的、浓厚的、平等自由地讨论和相互紧密地合作的学术气氛。直到今天，很多人还说"哥本哈根精神"在国际物理学界是独一无二的。曾经有人问玻尔："你是怎么把那么多有才华的青年人团结在身边的？"他回答说："因为我不怕在年轻人面前承认自己知识的不足，不怕承认自己是傻瓜。"实际上，人们对原子物理的理解，即对所谓原子系统量子理论的理解，始于本世纪初，完成于20世纪20年代，然而"从开始到结束，玻尔那种充满着高度创造性，锐敏和带有批判性的精神，始终指引着他的事业的方向，使之深入，直到最后完成。"

爱因斯坦与玻尔围绕关于量子力学理论基础的解释问题，开展了长期而激烈的争论，但他们始终是一对相互尊敬的好朋友。玻尔高度评价这种争论，认为它是自己"许多新思想产生的源泉"，而爱因斯坦则高度称赞玻尔："作为一位科学思想家，玻尔所以有这么惊人的吸引力，在于他具有大胆和谨慎这两种品质的难得融合；很少有谁对隐秘的事物具有这一种直觉的理解力，同时又兼有这样强有力的批判能力。他不但具有关于细节的全部知识，而且还始终坚定地注视着基本原理。他无疑是我们时代科学领域中最伟大的发现者之一。"

（2）玻尔与爱因斯坦真挚的诤友

玻尔和爱因斯坦是在1920年相识的。那一年，年轻的玻尔第一次到柏林讲学，和爱因斯坦结下了长达35年的友谊。但也就是在他们初次见面之后，两人即在认识上发生分歧，随之展开了终身论战。他们只要见面，就会唇枪舌剑，辩论不已。1946年，玻尔为纪念爱因斯坦70寿辰文集撰写文章。当文集出版时，爱因斯坦则在文集末尾撰写了长篇《答词》，尖锐反驳玻尔等人的观点。他们的论战长达30年之久,直至爱因斯坦去世。但是,长期论战丝毫不影响他们深厚的情谊,他们一直互相关心,互相尊重。爱因斯坦本来早该获得诺贝尔奖,但由于当时有不少人对相对论持有偏见,直到1922年秋才回避相对论的争论,授予他上年度诺贝尔物理奖,并决定把本年度的诺贝尔物理奖授予玻尔。这两项决定破例同时发表。爱因斯坦当时正赴日本,在途经上海时接到了授奖通知。而玻尔对爱因斯坦长期未能获得诺贝尔奖深感不安,怕自己在爱因斯坦之前获奖。因此,当玻尔得知这一消息后非常高兴。立即写信给旅途中的爱因斯坦。玻尔非常谦虚,他在信中表示,自己之所以能取得一些成绩,是因为爱因斯坦作出了奠基性的贡献。因此,爱因斯坦能在他之前获得诺贝尔奖,他觉得这是"莫大的幸福"。爱因斯坦在接到玻尔的信后,当即回了信。信中说:"我在日本启程之前不久收到了您热情的来信。我可以毫不夸张地说,它像诺贝尔奖一样,使我感到快乐。您担心在我之前获得这项奖金。您的这种担心我觉得特别可爱——它显示了玻尔的本色。"

(3)玻尔喜欢不怕他的费曼。

当费曼还在美国LosAlamos实验室工作时,职位很低。第二次世界大战期间,这个实验室研究设计并制造了原子弹,所以有不少重要的物理学家都来过这里。一天,玻尔与他的儿子小玻尔(当时他们的名字分别叫尼古拉·贝克和吉姆·贝克)也来了。即使是对于该实验室的大头头们,玻尔也是个神,每个人都想一睹玻尔的风采。与玻尔聚会讨论的会议开始了,人到了很多,费曼坐在一个角落里,只能从前面两个人的脑袋之间看到玻尔。

举行下一次会议的那天早晨,费曼接到一个电话,

"喂,是费曼么?"

"是的。"

"我是吉姆·贝克,我父亲与我想找你谈谈。"

"我吗?我是费曼,我只是个(小伙计)……"

"是找你,8点钟见面行吗?"

到了8点,费曼与玻尔父子在办公室相见。玻尔说:"我们一直在想怎样能使炸弹更有威力,想法是这样的……"

费曼说:"不行,这个想法不行,不有效……"

"那么换一个办法如何呢?"

"那要好一些,但这里也有愚蠢之处。"

他们讨论了约两个小时,对于各种想法反复推敲着、争论着。玻尔不断地点燃着烟斗,因为它老是灭掉。

走进物理

最后玻尔边点燃烟斗边说:"我想现在我们应该把大头头们叫来讨论了。"

小玻尔后来对费曼解释,上一次开会时,他父亲对他说:"记住那个坐在后面的小伙子的名字了么?他是这里唯一不怕我的人,只有他才会指出我的想法是否疯了。所以下次我们讨论想法时,将不与那些只会说'是的,玻尔先生,这一切都行得通'的人讨论。把那个小家伙叫来,我们先跟他讨论。"

费曼于是恍然大悟,为什么玻尔单打电话叫他。

(四)原子物理学之父——卢瑟福

1. 生平简介

卢瑟福(ErnestRutherford,1871—1937年)英国物理学家。1871年8月30日生于新西兰纳尔逊的一个手工业工人家庭。1895年在新西兰大学毕业后,获得英国剑桥大学的奖学金进入卡文迪许实验室,成为汤姆孙的研究生。1898年,在汤姆孙的推荐下,担任加拿大麦吉尔大学的物理教授。1919年接替退休的汤姆孙,担任卡文迪许实验室主任。1925年当选为英国皇家学会主席。1931年受封为纳尔逊男爵,1937年10月19日因病在剑桥逝世,与牛顿和法拉第并排安葬,享年66岁。

2. 科学成就

卢瑟福是本世纪最伟大的实验物理学家之一,在放射性和原子结构等方面,都做出了重大的贡献。

(1)他关于放射性的研究确立了放射性是发自原子内部的变化。

(2)他通过α粒子散射实验的研究,确立了原子的核式结构模型,因而一举把原子结构的研究引上了正确的轨道,于是他被誉为原子物理学之父。由于电子轨道也就是原子结构的稳定性和经典电动力学的矛盾,才导致玻尔提出背离经典物理学的革命性的量子假设,成为量子力学的先驱。

(3)人工核反应的实现是卢瑟福的另一项重大贡献。

3. 趣闻轶事

(1)有个外号叫"鳄鱼"

卢瑟福从小家境贫寒,通过自己的刻苦努力,这个穷孩子才能完成了他的学业。这段艰苦求学的经历培养了卢瑟福一种认准了目标就百折不回勇往直前的精神。后来学生为他起了一个外号——鳄鱼,并把鳄鱼徽章装饰在他的实验室门口。因为鳄从不回头,他张开吞食一切的大口,不断前进。

(2)摇身一变成为"化学家"

1908年,卢瑟福获得该年度的诺贝尔化学奖,他对自己不是获得物理学奖感到有些意外,他风趣地说:"我竟摇身一变,成为一位化学家了。""这是我一生中绝妙的一次玩笑!"

(3)杰出的学科带头人

卢瑟福还是一位杰出的学科带头人,被誉为 "从来没有树立过一个敌人,也从来没有失去一位朋友"的人。在他的助手和学生中,先后荣获诺贝尔奖的竟多达12人。1912年度诺贝尔物理学奖的获得者玻尔曾深情地称卢瑟福是"我的第二个父亲"。

科学界中,至今还传颂着许多卢瑟福精心培养学生的小故事。

(4)测量结果不许随便记在零散纸上

有一天深夜,卢瑟福看到实验室亮着灯,就推开门关切地问一个学生:"这么晚了,你还在干什么?"学生回答说:"我在工作。"卢瑟福接着问这个学生早晨、上午、下午都干什么,学生说都在工作。卢瑟福很不满意地反问:"你用什么时间来思考呢?"

有一次,卢瑟福和一个助手一起做实验。卢瑟福要助手记下读数,助手忘了带记录本,随手拿起一张纸来记。卢瑟福一把夺过纸,严肃地说:"我早就说过,测量结果不要随便记在零散纸上,你怎么忘啦!"助手低声说:"现在我记在哪里呢?""记在你衣服的袖子上,这样就不会忘记了!"

更为人称道的是他罕见地实现了伟大科学家与伟大人格的和谐统一。这伟大人格的任何侧面都反射出高尚之光辉。

(五)伟大的女科学家——玛丽·居里

1. 生平简介

玛丽·居里 (MarieSklodowskCurie,1867年~1934年)玛丽·居里是法国物理学家、化学家。1867年11月7日出生在波兰华沙一个中学教师家庭,原姓斯克罗多夫斯卡。玛丽自小丧母,家境贫困。但是,这丝毫不能动摇她和哥哥、姐姐刻苦学习、奋发上进的精神。高中毕业时,他们都得到了金质奖章。为了支持姐姐到巴黎学医,她当了六年家庭教师。1891年,玛丽也进入了巴黎大学最优秀的俊朋学院学习。最早来到教室坐在前排位置上的玛丽,穿着破旧的毛线衣,由于营养不良而脸色苍白。但是,自小培养起来的艰苦奋斗精神支持着她去克服一切困难。1893年,她以第一名的成绩毕业于巴黎大学,并先后取得物理学和数学硕士学位。

当玛丽遇见了在巴黎理化研究所工作的皮埃尔·居里。对科学的热爱、对真理的探求,使他们彼此相爱。1895年,这一对志同道合的科学家结成了终身伴侣,从此,他们共同向科学高峰——放射性攀登。玛丽结婚后,人们都尊敬地称呼她居里夫人。由于长期接触放射性元素,使她患上白血病,1934年7月4日逝世于法国尚萨瓦省疗养院,终年67岁。

2. 科学成就

(1)发现放射性元素镭,1903年获得诺贝尔物理学奖。

(2)第二次获得诺贝尔奖。1911年,由于发现了钋和镭并提炼出纯镭的工作,她获得诺贝尔化学奖,成为第一个两次获得诺贝尔奖的人。并且至今获得这种殊荣的唯一女性。

3. 趣闻轶事

(1)靠自学走进巴黎大学

玛丽·居里于1867年出生于波兰华沙,她是家中5个子女中最小的。她的父亲是一名收入十分有限的中学数理教师,妈妈也是中学教员。玛丽的童年是不幸的,她的妈妈得了严重的传染病,是大姐照顾她长大的。后来,妈妈和大姐在她不满10岁时就相继病逝了。她的生活中充满了艰难。这样的生活环境不仅培养了她独立生活的能力,也使她从小就磨炼出了非常坚强的性格。

玛丽从小学习就非常勤奋刻苦,对学习有着强烈的兴趣和特殊的爱好,从不轻易放过任何学习的机会,处处表现出一种顽强的进取精神。从上小学开始,她每门功课都考第一。15岁时,就以获得金奖章的优异成绩从中学毕业。她的父亲早先曾在圣彼得堡大学攻读过物理学,父亲对科学知识如饥似渴的精神和强烈的事业心,也深深地熏陶着小玛丽。她从小就十分喜爱父亲实验室中的各种仪器,长大后她又读了许多自然科学方面的书籍,更使她充满幻想,她急切地渴望到科学世界探索。但是当时的家境不允许她去读大学。19岁那年,她开始做长期的家庭教师,同时还自修了各门功课。这样,直到24岁时,她终于来到巴黎大学理学院学习。她带着强烈的求知欲望,全神贯注地听每一堂课,艰苦的学习使她身体变得越来越不好,但是她的学习成绩却一直名列前茅,这不仅使同学们羡慕,也使教授们惊异,入学两年后,她充满信心地参加了物理学学士学位考试,在30名应试者中,她考了第一名。第二年,她又以第二名的优异成绩,考取了数学学士学位。

1894年初，玛丽接受了法国国家实业促进委员会提出的关于各种钢铁的磁性科研项目。在完成这个科研项目的过程中，她结识了理化学校教师比埃尔·居里，他是一位很有成就的青年科学家。用科学为人类造福的共同意愿使他们结合了。玛丽结婚后，人们都尊敬地称呼她居里夫人。1896年，居里夫人以第一名的成绩，完成了大学毕业生的任职考试。第二年，她又完成了关于各种钢铁的磁性研究。但是，她不满足已取得的成绩，决心考博士，并确定了自己的研究方向。站到了一条新的起跑线上。

(2)艰难的发现——镭

1896年，法国物理学家贝克勒尔(A.H.Beequerel，1852—1908年)发现一种受紫外线激发能产生荧光的铀盐，当荧光停止发射后，也能将黑纸包住的照相底版感光。这是科学史上的一次重大发现。贝克勒尔发现的射线，引起了居里夫人极大兴趣，射线放射出来的力量是从哪里来的？居里夫人看到当时欧洲所有的实验室还没有人对铀射线进行过深刻研究，于是决心闯进这个领域。

居里夫人根据门捷列夫的元素周期律排列的元素，逐一进行测定，结果很快发现另外一种钍元素的化合物，也能自动发出射线，与铀射线相似，强度也相像。居里夫人认识到，这种现象绝不只是铀的特性，必须给它起一个新名称。居里夫人提议叫它"放射性"，铀、钍等有这种特殊"放射"功能的物质，叫做"放射性元素"。

居里夫人在丈夫皮埃尔的帮助下，她测定了能够收集到的所有矿物。她发现一种沥青铀矿的放射性强度比预计的强度大得多。经过仔细的研究，居里夫人不得不承认，用这些沥青铀矿中铀和钍的含量，绝不能解释她观察到的放射性的强度。这种反常的而且过强的放射性是哪里来的？只能有一种解释：这些沥青矿物中含有一种少量的比铀和钍的放射性作用强得多的新元素。居里夫人在以前所做的试验中，已经检查过当时所有已知的元素了。居里夫人断定，这是一种人类还不知道的新元素，她要找到它！居里夫人的发现吸引了皮埃尔的注意，居里夫妇一起向未知元素进军。在潮湿的工作室里，经过居里夫妇的合力攻关，1898年7月，他们宣布发现了这种新元素，它比纯铀放射性要强400倍。为了纪念居里夫人的祖国——波兰，新元素被命名为钋(波兰的意思)。

1898年12月26日，玛丽在提交给法国科学院的报告中宣布他们又发现一个比铀的放射性要强百万倍的新元素——镭。可是，当时谁也不能确认他们的发现，必须拿到实物，并精确地测定出它的原子量。

最初居里夫人由于只是理论上推测但无法证明新元素"镭"的存在,所以巴黎大学的董事会拒绝为她提供所需的实验室、实验设备和助理员。她只能在校内一个无人使用、四面透风漏雨的破旧大棚里进行艰苦的实验。当时,藏有钋和镭的沥青铀矿,是一种很昂贵的矿物,主要产在波希米亚的圣约阿希姆斯塔尔矿,人们炼制这种矿物,从中提取制造彩色玻璃用的铀盐。

后来在奥地利的一位教授的帮助下,他们花掉了全部的存款,变卖了所有值钱的东西,才买到十几麻袋沥青铀矿渣。经过无数次的周折,奥地利政府决定馈赠一吨废矿渣给居里夫妇,并答应若他们将来还需要大量的矿渣,可以在最优惠的条件下供应。居里夫妇就在一间破屋里开始了伟大的科学试验。

她将大袋的沥青矿渣倒在一口大铁锅里,用棍子搅拌,不断地溶解分离。日月如流水,居里夫妇犹如在梦境里一般,忘却了时间,不论严冬或盛夏,不分黑夜和白天,整天紧张地工作着。经过一千多个日夜的辛苦工作,在1902年年底,居里夫人提炼出了十分之一克极纯净的氯化镭,并准确地测定了它的原子量。从此镭的存在得到了证实。镭是一种极难得到的天然放射性物质,它的形体是有光泽的、像细盐一样的白色结晶。在光谱分析中,它与任何已知的元素的谱线都不相同。镭虽然不是人类第一个发现的放射性元素,但却是放射性最强的元素。利用它的强大放射性,能进一步查明放射线的许多新性质。以使许多元素得到进一步的实际应用。医学研究发现,镭射线对于各种不同的细胞和组织,作用大不相同,那些繁殖快的细胞,一经镭的照射很快都被破坏了。这个发现使镭成为治疗癌症的有力手段。癌瘤是由繁殖异常迅速的细胞组成的,镭射线对于它的破坏远比周围健康组织的破坏作用大得多。这种新的治疗方法很快在世界各国发展起来。在法国,镭疗术被称为居里疗法。镭的发现对于促进科学理论的发展和在实际中的应用,都有十分重要的意义。

(3)金子般的心灵

在镭提炼成功以后,有人劝他们向政府申请专利权,垄断镭的制造以此发大财。居里夫人对此说:"那是违背科学精神的,科学家的研究成果应该公开发表,别人要研制,不应受到任何限制"。"何况镭是对病人有好处的,我们不应当借此来谋利"。居里夫妇还把得到的诺贝尔奖金,大量地赠送别人。

1937年7月14日,居里夫人病逝了。她最后死于恶性贫血症。她一生创造、发展了放射科学,长期无畏地研究强烈放射性物质,直至最后把生命贡献给了这门科学。她一生中,共得过包括诺贝尔奖等在内的10种著名奖金,得到国际高级学术机构颁发的奖章16枚,世界各国政府和科研机构授予的各种头衔多达100多个。但是她一如既往地那样谦虚谨慎。伟大的科学家爱因斯坦评价说:"在我认识的所有著名人物里面,居里夫人是唯一不为盛名所颠倒的人。"

附:

悼念玛丽·居里

爱因斯坦

在像居里夫人这样一位崇高人物结束她的一生的时候,我们不要仅仅满足于回忆她的工作成果对人类已经作出的贡献。第一流人物对于时代和历史进程的意义,在其道德品质方面,也许比单纯的才智成就方面还要大。即使是后者,它们取决于品格的程度,也远超过通常所认为的那样。

我幸运地同居里夫人有20年崇高而真挚的友谊。我对她的人格的伟大愈来愈感到钦佩。她的坚强,她的意志的纯洁,她的律己之严,她的客观,她的公正不阿的判断——所有这一切都难得地集中在一个人的身上。她在任何时候都意识到自己是社会的公仆,她极端的谦虚,永远不给自满留下任何余地。由于社会的严酷和不平等,她的心情总是抑郁的。这就使得她具有那样严肃的外貌,很容易使那些不接近她的人发生误解——这是一种无法用任何艺术气质来解脱的少见的严肃性。一旦她认识到某一条道路是正确的,她就毫不妥协地并且极端顽强地坚持走下去。

她一生中最伟大的科学功绩——证明放射性元素的存在并把它们分离出来——不仅是靠着大胆的直觉,而且也靠着在难以想象的极端困难情况下工作的热忱和顽强,这样的困难,在实验科学的历史中是罕见的。

居里夫人的品德力量和热忱,哪怕只要有一小部分存在于欧洲的知识分子中间,欧洲就会面临一个光明的未来。

约里奥·居里夫妇。约里奥·居里(JoliotCurie,1900—1958年)是法国物理学家,居里夫人的女婿,他和他的妻子伊伦·居里(1897—1956年)一起,从事原子核研究。1932年1月曾对中子的发现,做出了重要贡献,同年在云室实验中取得第1张同时产生的正负电子对的照片。1934年,他们用钋产生的α粒子轰击铝,产生出中子和正电子,生成放射性磷,首次获得人工放射性物质,他们用同样方法又制成多种其他放射性物质,并发现放射性同位素在医学和生物学上的广泛用途,因此获得1935年诺贝尔化

走进物理

学奖。1939年,他们与另外两位科学家一起发现用中子使铀235裂变时,还伴随产生2~3个中子,证实了在适当条件下,核裂变的链式反应是有可能发生的,他还发现重水可以使中子慢化。1948年,约里奥·居里夫妇领导建成了法国的第一个原子反应堆。

练习

1. (2012·山东理综)以下叙述正确的是 （　　）
A. 法拉第发现了电磁感应现象
B. 惯性是物体的固有属性,速度大的物体惯性一定大
C. 牛顿最早通过理想斜面实验得出力不是维持物体运动的必然结果
D. 感应电流遵从楞次定律所描述的方向,这是能量守恒定律的必然结果

【答案】AD

2. (2011 山东理综卷)了解物理规律的发现过程,学会像科学家那样观察和思考,往往比掌握知识本身更重要。以下符合事实的是 （　　）
A. 焦耳发现了电流热效应的规律
B. 库仑总结出了点电荷间相互作用的规律
C. 楞次发现了电流的磁效应,拉开了研究电与磁相互关系的序幕
D.牛顿将斜面实验的结论合理外推,间接证明了自由落体运动是匀变速直线运动

【答案】AB

3. (2011·海南物理)自然界的电、热和磁等现象都是相互联系的,很多物理学家为寻找它们之间的联系做出了贡献。下列说法正确的是 （　　）
A. 奥斯特发现了电流的磁效应,揭示了电现象和磁现象之间的联系
B. 欧姆发现了欧姆定律,说明了热现象和电现象之间存在联系
C. 法拉第发现了电磁感应现象,揭示了磁现象和电现象之间的联系
D. 焦耳发现了电流的热效应,定量得出了电能和热能之间的转换关系

【答案】:ACD.

4. (2010·上海物理)卢瑟福提出了原子的核式结构模型,这一模型建立的基础是 （　　）
A. α粒子的散射实验　　　　B. 对阴极射线的研究
C. 天然放射性现象的发现　　D. 质子的发现

【答案】：A

5. (2010 新课标理综)在电磁学发展过程中,许多科学家做出了贡献。下列说法正确的是 （　　）

A. 奥斯特发现了电流磁效应;法拉第发现了电磁感应现象

B. 麦克斯韦预言了电磁波;楞次用实验证实了电磁波的存在

C. 库仑发现了点电荷的相互作用规律;密立根通过油滴实验测定了元电荷的数值

D. 安培发现了磁场对运动电荷的作用规律;洛仑兹发现了磁场对电流的作用规律

【答案】AC

6. (2009·广东物理)物理学的发展丰富了人类对物质世界的认识,推动了科学技术的创新和革命,促进了物质生产的繁荣与人类文明的进步。下列表述正确的是 （　　）

A. 牛顿发现了万有引力定律

B. 洛伦兹发现了电磁感应定律

C. 光电效应证实了光的波动性

D. 相对论的创立表明经典力学已不再适用

【答案】A。

7. (2008·上海物理)1911 年卢瑟福依据?粒子散射实验中?粒子发生了_____(选填"大"或"小")角度散射现象,提出了原子的核式结构模型。若用动能为 1 MeV 的 α 粒子轰击金箔,其速度约为_____m/s。(质子和中子的质量均为 $1.67×10^{-27}$ kg,1 MeV=10^6eV)

【答案】：大　$6.9×10^6$

8. (2005·广东综合)在物理学发展的过程中,许多物理学家的科学发现推动了人类历史的进步。在对以下几位物理学家所作科学贡献的叙述中,不正确的说法是 （　　）

A. 库伦发现了电流的磁效应

B. 爱因斯坦成功地解释了光电效应现象

C. 法拉第发现了磁场产生电流的条件和规律

D. 牛顿提出的万有引力定律奠定了天体力学的基础

【答案】：A

9. (2004·上海物理)下列说法中正确的是 （　　）

A. 玛丽·居里首先提出原子的核式结构学说。

走进物理

B. 卢瑟福在α粒子散射实验中发现了电子。

C. 查德威克在原子核人工转变的实验中发现了中子。

D. 爱因斯坦为解释光电效应的实验规律提出了光子说。

【答案】：CD

第二章 物理学习方法指导

第一节 高中物理入门

同学们升入高中后,在各门功课的学习中,普遍感到物理最难。我校曾经针对高一第二学期选学文科的学生做过一次调查,有40%以上的同学认为自己物理太差而选择了学文,即使是选学理科的学生,很多物理成绩经常徘徊在40分左右。实事求是地讲,物理是高中各学科中成绩分化最严重的。那么,造成这种现象的原因是什么呢?首先是高中物理对综合素质的要求比较高,其次是欠佳的学习方法,不良的学习习惯。在综合素质、科学素养被越来越重视的今天,物理学习有着非常重要的地位和作用,这是不容置疑的,所以摆在我们面前的首要任务是查明原因对症下药。我们先来看高中物理和初中物理有什么不同。

一、初、高中物理教材与学习特点比较分析

初中	高中
初中物理教材文字说明比较通俗易懂,易于理解。	高中物理教材文字叙述比较严谨,学生有时虽然能够读通文字,但是并不理解其含义,从而产生理解教材的困难。
初中物理在研究物理问题时,一般都是建立在实验基础上,通过实验提出问题,或者由试验得出结论,认识和过程基本上由感性到理性,符合初中生的认知规律。	高中物理在探究问题时不仅要从试验出发,有时还要从建立物理模型出发,从已经存在的概念出发,建立抽象的物理概念。学习过程也不一定遵循从感性到理性。

续表

初中	高中
在初中物理学习中,分析的物理现象一方面比较简单,另一方面与日常生活现象比较紧密,因而学习起来并不感到生疏和突然。	高中物理学习中物理现象往往比较复杂,而且与日常生活现象的联系也不像初中那样紧密,同时在分析问题时要从多方面、多层次来探索和研究。
初中物理的学习主要是形象思维,而且静态思维多于动态思维。	在高中物理学习中,抽象思维多于形象思维。
在初中物理学习中,对于物理概念、物理规律的掌握,要求理解、记忆方面较多,推理、论证方面较少。	高中对于物理概念物理规律的掌握要求在理解的同时还要灵活运用。
初中物理练习题方面,要求解说现象的较多;计算题一般直接用公式就能得出结果。	高中物理练习题有时不但需要通过发散性的分析,搞清物理过程,而且还需要辐射性的综合,才能建立方程和求解,一般直接代入方程求解的很少。

二、初、高中物理知识的梯度

1. 知识点上

知识量增大,初中物理力学的知识点约60个,而高中力学知识点增为90个。初中物理知识是以观察、实验为基础,简单了解力学、热学、声学、光学、电学的初步知识以及实际应用。高中物理知识则是采用观察实验、抽象思维和数学方法相结合,对物理现象进行模型抽象和数学化描述,要求通过抽象概括、想象假说、逻辑推理来揭示物理现象的本质和变化规律。

2. 思维能力上

初中物理教学以直观教学为主,知识的获得是建立在形象思维的基础之上,很多结论通过仔细观察就可以得到结论,而高中物理知识的获得是建立在抽象思维的基础之上,要求从形象思维过渡到抽象思维,高中物理学习中很多直觉的反应都是错的。在初中,物理规律大部分是由实验直接得出的,在高中,有些规律要经过推理得出,处理问题要较多地应用推理和判断,因此,对推理和判断能力的要求大大提高。

另外,在初中阶段只通过直观教学介绍物理现象和规律,不触及物理现象的本质,这种直观教学容易形成一定的思维定势,这种由生活常识和不全面的物理知识所形成的思维定势,会干扰高中物理学习中对物理本质的认识,造成学习上的思维障碍。

3. 数学知识和数学解题能力的梯度

高中物理对运用数学分析解决物理问题的能力提出了较高要求。高中物理涉及的数学知识有三角函数、二次函数、几何图形、立体空间、图像、运算技巧等等,对比初中的要求增加了很多。

(1)物理规律的数学表达式明显加多加深。

(2)用图像表达物理规律和描述物理过程。

(3)矢量进入物理规律的表达式。

(4) 要能根据具体物理问题列出物理量之间的关系式,进行推导和求解,并根据结果作出物理结论,要求学会运用几何图形和函数图像表述、分析、处理问题。

4. 在学习方法与学习习惯上有更高的要求

高中物理新课程目标中提出了学习科学探究方法,发展自主学习能力,养成良好的思维习惯。在初中学习物理,主要听教师讲,所学内容重复复习多次。每个知识点、定律有大量的练习题与之对应,需要分析、理解的内容不多,只要靠记忆就可以取得较好的成绩。养成了过分依赖教师、死记硬背、机械模仿的习惯,普遍的自学能力不强。而高中物理内容多、跨度大,各部分知识相关联,若仍采用初中的那一套方法对待高中的物理学习,结果是学了一大堆公式,记住了一部分公式,一用起来,就不知从何下手。初中物理概念简单不预习还能跟得上听课,高中每堂课容量很大,知识很多,特别是理论课和习题课,如果没有预习,上课时分不清主次,要么只记笔记,不能跟着老师的思路走,不能及时地理解老师讲的内容,要么跟不住老师讲课。高中阶段的学习不仅需要大量记忆, 还需要在基础知识之上有所提高,需要多思善思,在不同的情况下做出灵活的反应。但是,死记硬背使一部分学生的大脑僵化了,他们忘记了学习方法应随着学习内容的转变而转变。在高中阶段仍固守初中的学习经验, 不愿探索新的学习方法, 这是不适应新的学习的表现,其实也是一种懒惰,一种固步自封。

第二节　学习方法指导

一、学习需要养成良好的学习习惯

常言道"习惯成自然",良好的学习习惯能使人终身受益。实践证明:学习成绩好的同学都有良好的学习习惯,学习成绩不好的同学除了基础差之外,都不同程度地存在一些不良学习习惯。有对物理实验现象感兴趣的习惯,但缺乏对物理实验现象进一步探究的习惯;有上课认真听课的习惯,但缺乏对物理概念和物理规律深入思考的习惯;有死套公式解题的习惯,但缺乏按程序分析问题的习惯;有死记结论的习惯,但缺乏归纳总结的习惯。总之,有喜欢物理现象"知其然"的兴趣,却缺乏深入探究"知其所以然"的习惯。由于高中学习要求与初中教材相比有较大的提高,对学习习惯的要求也相应地提高了。那么,我们在高中物理学习中应该培养哪些良好的学习习惯呢?

习惯一　课前要预习

说起课前预习,许多同学都没把它放在心上,觉得反正老师上课时要讲,课前看不看没多大关系,不会有意识地进行预习。高中物理学习中,需要理解、探究的内容多了,需要思维从感性认识逐步上升到理性认识,这样,靠听课一次性的学习方式已经不行了,需要走初步认识——加深理解——全面认识的学习路径,所以作为初步认识的预习显得必不可少了。

（一）预习的作用

1. 预习可以集中学习的注意力

在每次上课前,将知识预先浏览一下,一则可以帮助我们熟悉课上所要学习的知识,做好上课的知识准备和心理准备,由课间活动的状态进入学习状态,有些同学老师已经开始上课了,连相应的书本都没有准备好,这样刚上课的几分钟就是无效的时间了;二则可以使我们明确课堂的重点,找出自己理解上的难点,从而做到有的放矢地去听课,根据研究,中学生的课堂注意力一般能持续20~30分钟,如果每节课45分钟都要高度集中注意力显然是不现实的,所以有的同学感到听课十分吃力,原因就在于此。

2. 预习可以加强对知识的理解和记忆

因为预习对知识已经做了一次独立思考,听课时可以进一步加深理解,这样就比单纯依靠听课获得知识记忆效果更好。从心理学的角度说,是因为在预习过程中,发现疑难点,从而在大脑皮层上引起了一个兴奋中心,即高度集中的注意力状态。这种注意状态能加深对所学知识的印象并能指引着思维活动指向疑难问题的解决,从而提高学习效果。

3. 预习可以培养自学能力

预习的过程是一个自学的过程,长期的坚持不仅有利于学习,也可以培养锻炼自学能力和独立思考能力。

(二)预习什么

1. 预习知识点

新课标教材配套的练习册上都有预习提纲,也就是把每一节课教材中的知识要点、重点、难点以填空的形式提出来,可以按照预习提纲进行预习。具体做法是先阅读一遍教材,在头脑中形成初步的认识,然后独立(不看教材)完成预习提纲上的问题。

2. 预习习题

预习完课本主要知识点后,还要预习例题和课本后面的练习题。预习不仅仅是阅读课本,还要依据预习的收获紧跟着做课后练习和配套练习册上的习题,研究、模仿例题的解法,独立解例题;并仿照例题完成课本相应练习,这样不仅可以检测出自己预习后还存在的疑难点,在上课时有目标地听课,同时也可以提高笔记效率。

由此看出,预习是学习过程中增强理解、提高效率必不可少的一环,所以同学们平时要学会预习,坚持预习。

习惯二 处理好听课和记笔记的关系

有的同学总是感到困惑,说"上课时注意了听课,就忘了记笔记,而记了笔记,就又跟不上老师的思路了"。对此,我们应认识清楚听课和记笔记的关系。

现实中的学生笔记:许多学生不会作课堂笔记,往往将老师讲的、黑板上写的、画的,一股脑儿地记下来,把课堂笔记变成了课堂记录,结果是上课时手忙脚乱,一下课仍然是一知半解。相反有的同学从来就没有记笔记的习惯,只听不记,这也是不好的,俗话说"好记性不如烂笔头",听课时间有限,老师讲的内容转瞬即逝,我们对知识的记忆随时间延伸会逐渐遗忘,没有笔记我们以后就没有办法进行复习巩固。

那么怎样才能做好物理课堂笔记呢?

(一)记什么

1. 记疑难点

在预习新课时多少会有一些自己难以理解的问题;作业中也难免会出现一些错误,那么上课时就必须特别注意老师讲解这些疑难的地方。这些难点问题,哪怕在课堂上解决了,但时间长了可能会忘记,所以把这些问题记录下来,复习时多看两遍,会加深对问题的理解和记忆。

2. 记易错点

在课堂教学中,老师常会说"注意",提醒学生易误解和易产生错觉的问题,通常用"说明"二字交代特殊形式和现象、特定条件和结果、特别问题及原因,以及以课外作业的形式留给学生讨论、思考、观察的问题,这些都是透彻理解和全面掌握物理规律的关键点。

3. 记补充点

老师在讲课时,常常会作些适当的补充,这些补充的内容对本堂课有承上启下的作用,对于帮助同学们更好地理解教材内容,启迪思路,开阔视野,都是十分有用的。所以,在熟悉教材的基础上,对老师补充的内容除了记在心上外,还要突出地记在笔记本上。

4. 记心得体会

记体会就是把老师讲授的新课或讲解的习题,经过思考得到的体会简要记下来。

(1)记体会一定要及时。有些灵感的迸发、创造性的思维火花在头脑中停留的时间是很短暂的,稍纵即逝,应及时记录下来。

(2)要处理好听和记的关系。体会是自己的,所以用自己能懂的话简洁地写下来。

(二)怎样记

1. 听课是主要的,记录应该为辅。有些内容要记在笔记本上,有的则可以记在课本上,练习册上的笔记直接就做到练习册上,这样再次复习的时候,找起来也方便。课堂内容记在课本上,课本上已经有的不用记,记录那些自己没有掌握的、书上没有的,切忌全抄老师的板书。这样既节省时间,提高听课效率,又把笔记记得全又实用。在课本上做笔记时要学会用红蓝笔在课本上做各种标记,以突出重难点。

2. 提纲式、快速书写,要提高自己的笔记速度,学会用最简单的缩略句表达一个复杂的内容,字迹也不要求整整齐齐,笔记是给自己看的,自己能看懂就行,课后抽一点时间整理一下笔记,该补充的就及时补充,这对强化当堂课的重点、难点知识,及时复习和巩固所学知识都是十分重要的。

(三)怎样利用笔记

有很多同学下课了再也没有动过笔记,这不就白记了吗,所以课后要及时检查笔记。既起到复习的作用,又可以检查笔记中的遗漏和错误,同时将自己对讲课内容的理解,将自己的收获和感想,用自己的话写在笔记右侧的空白处。这样,使笔记变得更加完整、充实、完善。

认真、科学地做好课堂笔记对学习物理起着重要的促进作用,对学习物理是非常有帮助的,在学习过程中可以慢慢探索,找出一条最适合自己的笔记方法。

习惯三 做题要手脑并用

前面在分析初中物理与高中物理的区别时谈过了,初中物理大多要求对问题有定性的了解,能说明物理原理即可,而高中物理要求定量计算,所以很多初中物理学习很好的学生,到了高中仍然延续着"瞧一瞧,看一看"的学习方式,这显然与学习要求是不相符的。动手做题也是增强理解的一种必要的方式。

1. 勤于动手做题

课堂上积极配合老师动手练习,可以让自己融入课堂中,使学习印象更加深刻,课后勤于动手做题,更是加深认识,提高能力的必要手段。

动手的习惯不论是对于主观选择题还是计算题都很重要,选择题在每个选项后面都要写上所依据的公式,这样判断起来也就有据可依了,同时又加强了对公式的记忆;对于计算题,动手操作显得尤为重要,简单的问题动手即可得到结果,复杂问题动手操作可以做好问题的一部分工作或为后续做题做好铺垫,原本没有思路的问题,由于前期的准备会变得"柳暗花明又一村"。

2. 勤于动手画图

许多物理习题一般是通过文字展现的,没有配图。对题目的理解不到位,往往会弄错情景、遗漏条件,降低做题的正确率。平时要练习将物理情景构建成对应的物理模型图和物理过程图，将物理条件标注在图形的相应位置上，寻求因果关系，应用相应的物理规律解决相应的问题。

要养成作图的习惯，从高一就要开始，如画物体受力图物体的运动情况图。要自觉学会按题画图，看图识义，提高正确用图的能力，克服做练习不画图，不用图的坏习惯。

力学问题中必须画出完整的受力分析图，这是至关重要，是正确解决力学问题的关键。有的同学认为问题很简单，画图不完整，或根本就不画受力分析图，也可以得出正确的结果。即使一时能得出正确的答案，但这种不良的习惯慢慢就会养成。当遇到较为复杂的问题时，就不知道如何下手了。力学问题当你不理解习题，难以下手时，对物体受力分析，往往是打开问题的突破口。在画图时要注意，图要画得规范，要边审题、边画图，并一一把条件和问题用字母符号注在图上，使问题能在脑中形成完整的表象，不至于因忘记条件或问题而中断解题过程的思维去重新审题，同时，示意图能使解答问题所必须的条件同时呈现在视野内，图像成为思维的载体，视图凝思实际上是视觉思维参与解题的过程。最后建立模型关系，列式求解。

习惯四 提高计算能力

如果说理清了思路是有了正确的决策的话，准确的计算就是实际中的执行过程，物理中不管是逻辑运算还是数学运算，都以大量的公式为运算依据，事实表明，平时在做题时主要在公式应用和计算的准确度方面存在问题。下面介绍一些实用的方法。

(一)准确记忆公式

(1)物理中很多重要的定律都是通过实验探究得出的,学习时再次认真实施实验探究过程,利用深刻的实验结论理解记忆公式。如在得到牛顿第二定律时,通过实验探究"加速度与力、质量的关系",在脑海里总有加速度和力成正比,加速度和质量成反比,这样就很容易记住$a=\dfrac{f}{m}$。

(2)有些公式是推导得出的,所以要理解过程的推导,使用时可以信手推出,如动能定理的学习过程,动能定理不是靠实验得到的,是通过对牛顿第二定律$F_合=ma$中的加速度a用$a=\dfrac{v-v_0}{t}$带入得到的, 像这样一类的公式可以通过理解来源,通过推导辅助记忆。

这一类的学习例子还有：粒子在电场中做类平抛偏转时，常常要求偏移量y和偏转角的正切值，这两个表达式结构复杂，不容易记住，使用时只要知道它们只不过是平抛中的重力加速度g变为由电场力提供的加速度而已，即：

$$y=\frac{1}{2}at^2=\frac{1}{2}\frac{qE}{m}t^2=\frac{1}{2}\frac{qUL^2}{dmv^2}$$

$$\tan\theta=\frac{v_y}{v_x}=\frac{at}{v}=\frac{qU}{dm}\times\frac{L}{v}\times\frac{1}{v}=\frac{qUL^2}{dmv^2}$$

经过几次强化练习完全可以记住公式。

(二)强化记忆公式

知识在不断地相互比较和联系中不断强化、提高和深印在脑海中。反复自我检查，反复应用，是巩固记忆的必要步骤。根据思维和记忆规律，一个人的一生见过、理解过无数的事物，但只有那极少数(有人统计认为不足5%)经常反复作用在我们头脑中，而且反复应用的事物，我们才能记住。

(1)定期默写。每到周末对本周学过的公式做一次默写，通过强化记忆的方式记住大部分公式。

(2)做题运用。在平时练习时要把依据的公式写出来，一方面使得判断有据可依，另一方面也会增强对公式的记忆。如，平行板电容器的电容公式$c=\frac{\varepsilon s}{4\pi kd}$，不妨在做练习时通过多次使用记住它。

例. 一平行板电容器充电后与电源断开，下列哪种方式能使电容变大。

A. A板下移   B. A板右移
C. B板下移   D. 两板间插入玻璃板

有很多同学会看着教材或笔记，对着公式逐一判断，这样不利于公式的记忆。做题时在每一个选项后面都写一次公式，

A. A板下移$c=\frac{\varepsilon s}{4\pi kd}$ d减小，c增大

B. A板右移$c=\frac{\varepsilon s}{4\pi kd}$ s减小，c减小

C. B板下移$c=\frac{\varepsilon s}{4\pi kd}$ d增大，c减小

D. 两板间插入玻璃板$c=\frac{\varepsilon s}{4\pi kd}$ ε增大，c增大

答案：A、D正确。

这样做上同样类型的三道题，相当于把公式默写了12遍，多难的公式也

就记住了。

（三）正确使用公式

准确地记住了物理公式，这是开始运算的第一步，在使用公式时要分清公式的使用条件和范围，要做到准确、正确使用。

1. 知道公式的使用范围

有些公式从数学的角度来看，会得到与物理事实不相符的结果，所以要在物理定义的范围内正确使用，为了让同学们理解这一点，请回答下面问题

根据万有引力定律 $F=\dfrac{m_1 m_2}{r^2}$ ，当两物体间的距离时 $r=\infty$ ，$F=\underline{\qquad\qquad}$ ，

$r=0$ 时，$F=\underline{\qquad\qquad}$

很多初学者会根据数学知识认为时 $r=\infty$ ，$F=0$ ，$r=0$ 时，$F=\infty$

其实只回答对了一半，为什么呢？

万有引力定律公式也是有适用条件的（不是万有引力定律有适用条件，而是公式有适用条件），如果两个物体距离很短或者距离趋向于零时，式子中距离 r 就无法确定了。所以结论应该是 $r=\infty$ 时，$F=0$ ，$r=0$ 时，无法计算结果。

2. 要注意公式的同一性

很多同学由于对公式对应不准确，在使用整体法与隔离法解题时，常常写错牛顿第二定律的表达式，我们通过一个例子说明这一点。

如图所示，质量为 2m 的物块 A 和质量为 m 的物块 B 与地面的摩擦均不计。在已知水平推力 F 的作用下，A、B 做加速运动。A 对 B 的作用力为多大？

求 A 对 B 的作用力，需要运用整体法与隔离法，请写出以 B 和整体作为研究对象时的牛顿第二定律表达式试试看吧。

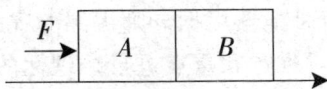

以 B 为研究对象，$F_{合}=F_{AB}=ma$

以整体为研究对象，$F_{合}=F=3ma$

也就是说，写谁的合力，后面就应该对应谁的质量。

公式是物理计算的基础，只有熟记公式形式，理解使用条件和方法，才能达到快速准确解题的目标。

习惯五　独立的学习习惯

有些高中学生还是沿袭初中的做法，做题、学习完全依赖老师，等老师布置作业，等老师讲解习题，没有表现出学习的主动性。学习过程的最基本

的层次是模仿别人,通过对教材知识的理解,仿照例题的解题方式,从简单的形式的模仿上升为思维方式的模仿,再进一步利用这种思维方式解决其他类似的问题,这种学习方式的转变使得学习效果更加深刻。思维方式永远不能靠简单的模仿就能获得,逐渐地要通过独立思维进行练习才能变成自己的能力。

1. 培养自学能力

培养自学能力,具备终身学习的能力。通过课前预习,细读教材是提高自学能力的重要途径,阅读教材是获取基本知识点的重要手段。

课前预习首先会对学生的阅读能力提出考验,对于一些简单易懂的了解性内容也需要通过阅读学习自主掌握。可能有些同学发现自己阅读课本时将内容理解得不够透彻,所以觉得还是直接从老师的讲解中获得知识更好,其实不然,对学习感到越困难就越需要阅读,正像敏感度差的照相底片需要较长时间曝光一样,头脑也需要科学知识之光给予更鲜明、更长久的照耀。

在高一阶段加强自己的自学能力应从阅读教材入手,学会抓住重点知识,能提出问题并设法解决。阅读物理教材不能一扫而过,而应潜心研读,边读边思考,挖掘提炼、对重要内容反复推敲,对重要概念和规律要在理解的基础上熟练记忆,养成遇到问题能够独立思考以及通过阅读教材、查阅有关书籍和资料的习惯。

2. 主动听课

如果把我们的听课分成了三种类型:即主动型、自觉型和强制型。主动型就是能够根据老师讲课的程序主动自觉地思考,在理解基础知识的基础上,对难点和重点进行推理性的思维和接受;自觉型则是能对老师讲课的程序进行思考,能基本接受讲解的内容和基础知识,对难点和重点一般不能进行自觉推理思维,要在老师的指导下才能完成这一过程;而强制型则是指在课堂学习中,思维迟缓,推理滞留,必须在老师的不断指导启发下才能完成学习任务。

那么,你属于哪一种类型呢?我说,如果你属于强制型,那你要试着改变自己,由强制型变为自觉型;如果你是自觉型,那么你就要加强主动意识,努力变成主动型,毕竟"我们是学习的主人"总之,我们应该以主动的态度去听讲,积极地进行思考,努力参与到老师的课堂教学中去。

3. 独立做题

要独立地(指不依赖他人),保质保量地完成一些题目。题目要有一定的数量,不能太少,更要有一定的质量,就是说要有一定的难度。任何人学习数理化不经过这一关是学不好的。独立解题,可能有时慢一些,有时走弯路,有时甚至解不出来,但这些都是正常的,是任何一个初学者走向成功的必由之路。

4. 全神贯注地学习

从小时候听《小猫钓鱼》的故事时就知道一心不能二用,但是在平时学习中我们又变得跟小猫一样了,你通过对比看看你有没有以下注意力不集中的习惯。

(1)容易走神。不能有效控制自己的心理活动,经常想一些与学习毫无关系的事情,思绪远离当前的活动。

(2)易受干扰。很容易被外界的无关刺激吸引,偏离当前的学习活动。

(3)多余动作增多。注意力不集中的人往往伴随着一些多余动作或无关动作,如玩弄手指、摆弄笔杆等。

(4)效率低下。学习时间没少花,学习效果却不好。

如何改掉注意力不集中的坏习惯呢?

(1)要有明确的学习目标。明确的目标是注意的动机,许多心理学家指出,动机在学习中是很关键的一个因素,如果学习缺少良好的学习动机,可能造成在学习过程中难以具有高度集中的注意力和稳定愉快的情绪,这就给完成学习任务带来一定的困难。

(2)培养学习的兴趣。有了浓厚的兴趣,才能在大脑皮层形成兴奋中心,使注意力高度集中。

(3)要培养自己的意志力,强化自我约束、控制能力,时刻提醒自己要专心致志,要学会同分散注意的干扰作斗争。许多学习内容比较抽象,学习过程也比较单调,往往不能直接引起学生的兴趣。因此,在维持注意的过程中,常常要付出一定的意志代价,要求我们自觉克服来自自身和外界的干扰。

(4)养成良好的生活习惯和学习习惯也是培养注意力的一个重要方面。

二、重视物理思想方法的学习

(一)基本物理思想方法

1. 比值法

人教版普通高中课程标准实验教科书《物理》必修1第17页上"说一说"栏目中有这么一则笑话:一位女士由于驾车超速而被警察拦住。警察走过来对她说:"太太,您刚才的车速是60英里每小时!"这位女士反驳说:"不可能的!我才开了7分钟,还不到一个小时,怎么可能走了60英里呢?""太太,我的意思是,如果您继续像刚才那样开车,在下一个小时里您将驶过60英里。""这也是不可能的。我只要再行驶10英里就到家了,根本不需要再开过60英里的路程。"

在这段对话中,这位太太的困惑在哪里呢?她主要是没有认清用比值定义物理量的一些相关知识。

比值定义法就是用两个基本的物理量的"比"来定义一个新的物理量的方法。比如,有三辆汽车,甲车在10秒内前进了50米,乙车在10秒内前进了100米,丙车在2秒内前进了16米,要判断那辆车运动的最快。甲和乙较为简单,都是10秒,乙车前进的多,当然是乙车快,但是要判断三个车哪个最快,就需要判断同样都在1秒内哪个车通过的位移多,这就出现了比值,也就是比值定义的思想。比值定义法是物理学习中常用的一种物理科学方法。

比值定义主要有两种情形:一类是用比值法定义物质或物体属性特征的物理量,如:如密度($\rho=\dfrac{m}{v}$)、电阻($R=U/I$),电场强度($E=F/q$)等等。它们的共同特征是:属性由本身所决定。这种方法的特点是从某个侧面反映事物的特性,这些比值的大小是由事物本身的属性所决定的,与比式中的各量无关。

另一类是对一些描述物体运动状态特征的物理量的定义,如速度v、加速度a、角速度ω等。这些物理量是通过简单的运动引入的,比如匀速直线运动、匀变速直线运动、匀速圆周运动。这些物理量定义的共同特征是:相等时间内,某物理量的变化量相等,用变化量与所用的时间之比就可以表示变化快慢的特征。

说明:

(1)在利用比值法定义物理概念时,一般要利用实验采集物理数据,再对数据进行归纳分析、从而总结规律,得出结论。

时间	1s 内	2s 内	3s 内	速度(比值)
甲车	5m	10m	15m	5m/s
乙车	10m	20m	30m	10m/s
丙车	8m	16m	24m	8m/s

(2)不能将比值法的公式纯粹的数学化,不能被数学符号所迷惑,忽视了物理量本身的性质,不要看见$R=U/I$就认为R与U成正比,R与I成反比。另外,在数学形式上用比例表示的式子,不一定就运用了比值法。比如公式$a=F/$

m,只是数学形式上像比值法,实际上并不具备比值法的特点。所以不能把比值法与数学形式简单地联系在一起。

附表　中学物理中应用比值法定义的物理量

类　别	物理量	现象	定义式	决定式
力　学	速度 v	$s \propto t$	$v=s/t$	$v=v_0+at$
	角速度 ω	$\varphi \propto t$	$\omega=\varphi/t$	
	加速度 a	$\triangle v \propto \triangle t$	$a=\triangle v/\triangle t$	$a=F/m$
	劲度系数 k	$f \propto x$	$k=f/x$	
	动摩擦因数 u	$F\mu \propto FN$	$\mu=F\mu/FN$	
	功率 P	$W \propto t$	$P=W/t$	
	密度 ρ	$m \propto V$	$\rho=m/V$	
	压强 P	$F \propto S$	$P=F/S$	
热　学	比热容 C	$Q \propto m\triangle T$	$C=Q/m\triangle T$	
	熔解热 λ	$Q \propto m$	$\lambda=Q/m$	
	汽化热 L	$Q \propto m$	$L=Q/m$	
电磁学	电场强度 E	$F \propto q$	$E=F/q$	$E_{点}=kQ/r^2$
	电势 φ	$\varepsilon \propto q$	$\varphi=\varepsilon/q$	$\varphi_{点}=kQ/r$
	电势差 U	$W \propto q$	$U=W/q$	
	电动势 ε	$W \propto q$	$\varepsilon=W/q$	$\varepsilon=\Delta\Phi/\Delta t$
	电流 I	$q \propto t$	$I=q/t$	$I=U/R$
	电容 C	$Q \propto U$	$C=Q/U$	$C_{平行板}=\varepsilon S/4k\pi d$
	电阻 R	$U \propto I$	$R=U/I$	$R=\rho L/S$
	磁感应强度 B	$F \propto IL$	$B=F/IL$	$B_{电流元}=kI/r$
		$F \propto qv$	$B=F/qv$	
		$\Phi \propto S$	$B=\Phi/S$	
光　学	折射率 n	$\sin i \propto \sin r$	$\sin i/\sin r$	

2. 控制变量法

根据研究目的、运用一定手段(实验仪器、设备等)主动干预或控制自然事物、自然现象发展的过程,在特定的观察条件下探索客观规律的一种研究方法。

看起来是一个很复杂的表述吧,简单的理解就是我们研究问题时,掌握的数学函数模式一般是两个变量,一个叫自变量,一个叫因变量,如果这个物理规律比较复杂,不是两个变量间的简单关系,而是有三个或者四个因素影响了结果,这时,我们可以把其余的变量固定下来,只研究两个变量呈现什么关系,这就是控制变量法出现的"时代背景"。

从高一开始,在研究物体的加速度跟所受的外力和物体质量的关系时,采用了控制变量的方法。先让物体质量不变,在大小不同的外力作用下,研究物体的加速度跟外力的关系,得出加速度与外力成正比的结论;再研究相同的外力作用下,物体的加速度跟质量的关系,得出加速度与质量成反比的结论。最后通过综合,得到了著名的牛顿第二定律。

探究影响动能大小的因素时,在研究动能大小与速度的关系时,要控制质量不变,在研究动能大小与质量的关系时,要控制速度不变。

在研究通过导体的电流I与导体电阻R和它两端电压U的关系的实验中,研究电流I与电阻R的关系时,需要保持电压U不变,在研究电流I与电压U的关系时,需要保持电阻R不变。

在研究决定电阻的因素时,我们知道,电阻R的大小是由电阻率ρ、导线长度L以及横截面积S共同决定的。它们之间存在什么关系呢?

(1)让电阻率ρ以及横截面积S保持不变,用两根长度不同的导线研究R与L的关系,得到R与L成正比的结论;

(2)让电阻率ρ以及导线长度L保持不变,用两根横截面积不同的导线研究S与L的关系,得到S与L成反比的结论;

(3)让横截面积S以及导线长度L保持不变,用两根材料不同(电阻率不同)的导线研究ρ与L的关系,得到ρ与L成正比的结论;

最后综合,得到$F=\dfrac{\rho L}{S}$的结论。

在研究气体的温度、体积、压强这三个状态变量之间的关系时,首先把研究对象限定为一定质量的气体,然后研究在温度恒定的条件下,它的体积跟压强的关系,得出了玻意耳定律;使一定质量气体的体积保持不变,研究它的压强跟温度的关系,便得出了查理定律;使一定质量气体的压强保持不变,研究它的体积跟温度的关系,便得出了盖·吕萨克定律。这三个定律都是用控制变量的方法得出的描述一定质量的气体的状态量之间的关系的实验定律,为建立理想气体模型、推导理想气体状态方程提供了可靠的实验依据。

自然界发生的各种现象往往是错综复杂的,并且被研究对象往往不是孤立的,总是处于与其他事物和现象的相互联系之中,因此影响研究对象的因素在许多情况下并不是单一的,而是多种因素相互交错、共同起作用的。所以控制变量法是科学探究中的重要思想方法,广泛地运用在各种科学探索和科学实验研究之中。

3. 等效替换法

在中学物理中,我们可以看到这样一些情况:两个不同的物理现象或物理过程在某一侧面有共同性,或者用其中的一个在某方面替换另一个,而获得相同的结果,这个重要的思想方法,我们称其为等效替换法。譬如,运动学中的合运动与分运动就如此。我们正是根据它,往往把复杂的运动分解为简单的运动,然后用简单运动的规律去处理复杂运动的问题。如平抛运动就可以分解为:水平方向的匀速直线运动和竖直方向的自由落体运动,从而用简单的规律解决了复杂的未知问题等。

可见,等效替换法的实质是指两种不同的物理现象或物理过程,相互替换时在某种意义上有相同的效果。所谓"等效"并非是说两者在一切方面都相同,而是说在某种意义上,或者在某个侧面的效果相当。上述举例只是根据运动的叠加原理表明,一个物体的运动可以等效于它同时参与的两个分运动,实质是找出了一个等效的运动过程。至于在等效运动中物体是否由于与空气摩擦而上升相同的温度,是否发生形变,是否能够导电,是否有电磁感应等等,则并不考虑。这就是说,在运用等效替换法时,必须明确这种等效替换是在何种意义上,或者在哪些方面具有等效性,忽视了这个实质而去运用这种方法则难免出现错误。

等效替换法不仅对两种物理现象或过程的物理实质得到更深刻的认识,更重要的是提供了一种处理物理问题的科学方法。掌握了它,就获得了一种探索物理世界的锐利武器。

在中学物理中,许多基础知识是建立在等效替换的基础之上的。下面,我们再举一些实例。

运动中的平均速度,就是一个等效速度。我们正是通过平均速度的概念,用一个等效的匀速直线运动去替换一个变速直线运动,而运动的效果相同。因此,在谈到平均速度的时候,必须特别明确指出它是在那一段时间内,或者在那一段位移上的平均速度,这样才能在等效替换时,获得相同的结果。

根据力的合成与分解,求合力就是寻找一个等效力。去替换物体所受的那些具体的外力,而使物体的运动状态的改变相同。重心也是一个等效力的作用点。即物体的各部分所受的重力的合力的作用点。同样,具体分解力时,也是根据物体所受的这个力所产生的效果相同去判断的。

从内能的改变这一意义上做功和热传递是等效的在电路分析中,我们提出等效电路和等效电阻的概念,就是指几个电阻串并联形成的电路,可以等效于一个电阻组成的电路。当用这个等效电阻替换这部分电路时,在电路中消耗的电功率是相同的。正是在这个意义上它们是等效的。

思考

交流电的有效值,几何光学中的作图法,虚像等在哪些方面具有等效性。

带电物体在电场、磁场、重力场组成的复合场中的运动问题。对于这类问题,若采用常规方法求解,过程复杂,运算量大,若采用等效法即建立等效重力场的思想方法来求解,则能避开复杂的运算,过程会显得简洁明了。具体做法为:

(1)先求出重力与电场力(必须是恒力)的合力,将这个合力视为一个"等效重力"(若空间同时还存在磁场,由于洛仑兹力不做功,可将磁场暂放一边)。

(2)将$g'=F_合/m$视为"等效重力加速度",画出"等效地面"并标出"等效竖直向下"的方向即"等效重力加速度"g'的方向。

(3)将物体在重力场中的运动规律迁移到等效重力场中求解。

练习

半径为R的光滑绝缘竖直环上,套有一电量为q的带正电的小球,在水平正交的匀强电场和匀强磁场中。已知小球所受电场力与重力的大小相等。磁场的磁感强度为B。则在环顶端处无初速释放小球,小球的运动过程中的最大速度是多少?

4. 类比法

所谓类比就是"触类旁通""举一反三"。实际上是一种从特殊到特殊,从一般到一般的推理。它是根据两个或两类对象之间在某些方面的相同或相似而推出他们在其他方面也可能相同或相似的一种逻辑思维，它是为了把要表述的物理问题说得清楚明白，用具体的有形的人们所熟知的事物来类比要说明的那些抽象无形的陌生的事物。通过类比使人们对所要揭示的事物有一个直接的具体的形象的认识，找出类似的规律。

类比是一种推理方法，不同事物在属性、数学形式及其他量描述上有相同或相似的地方就可以来用类比推理。类比法是提出科学假说做出科学预言的重要途径。物理学发展史上的许多假说是运用类比方法创立的。开普勒也曾经说过"我们珍惜类比推理胜于任何别的东西"。类比法推出未知事物与已知事物相同或相近的规律，这种方法得出的结论不一定可靠，最后要用实验来检验，只要检验的结果与推理符合便为获得规律提供了捷径，这也是科学家寻找物理规律常用的一大法宝。

在物理学习过程中运用类比法，能加深对概念和规律及物理现象的认识，能使学习变得轻松。

下面列举几例来介绍如何用这种方法来学习。

"电场"概念的建立是极为重要的，但由于此概念比较抽象，往往难以理解。可以用力学中所学重力场与之类比：地球周围存在着重力场，地球上所有物体都处于重力场中，都受到了地球的作用——重力。同样，电荷的周围存在着电场，电场对处于其中的电荷有电场力的作用，(如：点电荷间的库仑力的作用)。物体在重力场中具有了与地球位置有关的重力势能，检验电荷在电场中也应具有与场源电荷位置有关的电势能。

"重力场"和"静电场"，表面看来存在着很大的差异，但它们之间有着共同点(同为势场)，即重力和电场力做功与路径无关，因而可以利用重力做功与重力势能之间的对应关系(重力做正功，重力势能减少；重力做负功，重力势能增加)，得到电场力做正功，电势能减少；电场力做负功，电势能增加。同样学到分子力做功与分子势能的关系时，可以通过类比得到分子力做正功，分子力势能减少；分子力做负功，分子力势能增加。

"物理矢量"与数学中的"向量"类比：

对力、位移、速度、电场强度以及磁感应强度等物理量与"向量"进行对比，知道这些物理量都是有大小和方向的，并且知道它们的线段的长度表示大小、箭头表示方向。同时了解了这些物理量与"向量"的区别在于物理量有单位，而"向量"无单位，但是计算时其方法与"向量"相同。从而进一步加深了对物理量的正确理解。

在物理规律的学习中，"类比法"也能帮助我们化难为简，如高一在重力场中学习了平抛运动后,在高二电场的学习中出现的各种"类平抛"运动,仍然是一个方向的匀速直线运动和另一个方向的匀加速直线运动, 只不过把匀加速直线运动中的加速度由重力加速度g换成由电场力产生的$\frac{qE}{m}$而已。

所以,用"类比"的学习方法不仅可以降低新概念学习的难度,也可以起到复习原有知识,提高对旧知识的熟练程度的作用,同时也发展了迁移应用的能力。

5. 理想模型法

实际现象和过程一般都十分复杂的,涉及众多的因素,采用模型方法对学习和研究起到了简化的作用。简化后的模型一定要表现出原型所反映出的特点、知识,每种模型有限定的运用条件和运用的范围,中学课本中很多知识都应用了这个方法。

在日常学习中,经常会遇到这样一些理想模型:

(1)实体理想模型。尽管世界上各种物质的性质千差万别,但是在一定条件和目的下可集中突出某一类客观实体的本质, 抓其主要特征而忽略非主要因素,把客观实体近似化和理想化,抽象为一个足以表征其主要特征的理想模型。这类模型有质点、单摆、点电荷、纯电阻、纯电感、纯电容、理想变压器、点光源、线光源、薄透镜、无限长载流螺线管、无限长载流直导线、无限大均匀带电平面、简谐波等;理想化的物理空间如匀强电场、匀强磁场等。

(2)过程理想模型。自然界中的物质从宇宙天体到分子原子、基本粒子,从核力场、电磁场到引力场,无不处于永恒的运动变化之中。物质运动形式多样、过程复杂,物理过程中所含矛盾多而且各具特征。为了描述某一主要运动状态,寻找运动规律,可以忽略次要因素,抓住主要矛盾,将一些复杂物理过程抽象为较简单且理想化的物理运动形式,从而获得基本规律。如自由落体运动是忽略了空气阻力和高度变化对重力加速度的影响等次要因素而提炼出来的,简谐振动是忽略阻尼作用而简化出的一种等幅振动。这类模型还有匀速直线运动、匀速圆周运动、等温过程、等压过程和可逆过程等。

(3)系统理想模型。虽然宇宙包罗万象、事物千变万化,但是物理学家总是在不断探索用简单化、理想化的模型去描述它和研究它。在研究复杂的物理系统时, 将影响描述系统内的物体及物体与物体之间的次要因素忽略不计,而抓主要矛盾,抓能反映主要本质的因素将系统理想化,得出更具代表性的规律进而研究实际系统。这类模型有理想气体、完全弹性碰撞、非完全弹性碰撞、完全非弹性碰撞等。

（4）假想辅助型模型。该类模型是为说明被研究对象的一种或几种特性，寻找事物规律及本质而假想出的一种辅助型模型。它使研究对象直观形象，帮助人们理解其本质特征，从而进一步反映该研究对象的基本属性和所描述的规律，如法拉第的电场线模型。电场线的疏密代表电场强度的大小，电场线上每一点的切线方向代表该点电场强度的方向；既直观又形象地反映出场这种特殊物质的基本属性和特点。除此外还有电场中的等势面、磁场中的磁感线和几何光学中的光线等。

这些理想模型各自集中地突出了某一类实际对象的主要特征，使得事物的主要特点变得简单、清晰。有了这样的模型，使人们研究事物的方法更加简捷。

6. 整体法与隔离法

在研究静力学问题或力和运动的关系问题时，常会涉及相互关联的物体间的相互作用问题，即"连接体问题"。连接体问题一般是指由两个或两个以上物体所构成的有某种关联的系统。研究此系统的受力或运动时，求解问题的关键是研究对象的选取和转换。一般若讨论的问题不涉及系统内部的作用力时，可以以整个系统为研究对象列方程求解——"整体法"；若涉及系统中各物体间的相互作用，则应以系统某一部分为研究对象列方程求解——"隔离法"。这样，便将物体间的内力转化为外力，从而体现其作用效果，使问题得以求解，在求解连接问题时，隔离法与整体法相互依存，交替使用，形成一个完整的统一体，分别列方程求解。

7. 在静力学中的应用

在用"共点力的平衡条件"求解问题时，大多数同学感到困难的就是研究对象的选取。整体法与隔离法是最常用的方法，灵活、交替地使用这两种方法，就可化难为易，化繁为简，迅速准确地解决此类问题。

例1. 在粗糙的水平面上有一个三角形木块，在它的两个粗糙的斜面上分别放置两个质量为m_1和m_2的木块，$m_1 > m_2$，如图所示，已知三角形木块和两个物体都是静止的，则粗糙水平面对三角形木块　　　　　　（　　）

A. 在摩擦力作用，方向水平向右；

B. 有摩擦力作用，方向水平向左；

C. 有摩擦力作用，但方向不确定；

D. 以上结论都不对。

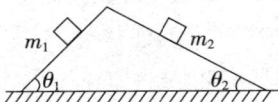

解析：这个问题的一种求解方法是：分别隔离m_1、m_2和三角形木块进行受力分析，利用牛顿第三定律及平衡条件讨论确定三角形木块与粗糙水平面

间的摩擦力。

采用整体法求解更为简捷:由于m_1、m_2和三角形木块相对静止,故可以看成一个不规则的整体,以这一整体为研究对象,显然在竖直平面上只受重力和支持力作用,很快选出答案为D。

例2. 如图所示,重为G的链条(均匀的),两端用等长的轻绳连接,挂在等高的地方,绳与水平方向成θ角,试求:

(1)绳子的张力;

(2)链条最低点的张力。

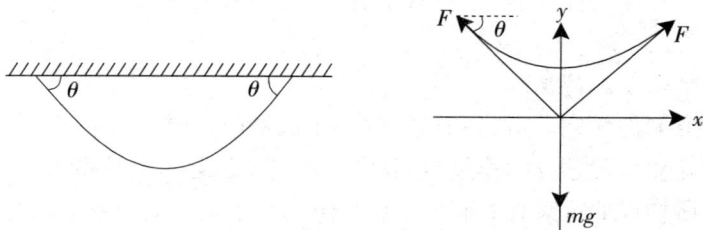

解析:(1)对整体(链条)分析,如图所示,由平衡条件得$2F\sin\theta=mg$

$$F=\frac{mg}{2\sin\theta}=\frac{G}{2\sin\theta}$$

(2)如图所示,隔离其中半段(左边的)链条,由平衡条件得

$$F\cos\theta=F'$$

$$F'=\frac{G}{2\sin\theta}\cos\theta=\frac{G}{2}\cot\theta$$

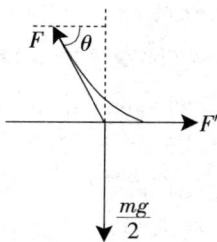

8. 在动力学中的应用

在运用牛顿运动定律处理连接体问题时,$F=ma$中的F指的是合外力,对于连接体问题,若将连接体作为整体,则不必分析连接体之间的相互作用,只需分析外界对连接体物体的作用力,从而简化受力过程,加快解题速度,这就是所谓的"整体法";题中若求解连接体物体之间的相互作用力,这时必须将物体隔离出来,化内力为外力,才能求解,这就是"隔离法"。"整体法"和"隔离法"在求解连接体问题中经常交替采用,此类问题的特点是相互作用的物体具有相同的加速度,这一点特别重要。

例1. 如图所示,两个用轻线相连的位于光滑平面上的物块,质量分别为m_1和m_2。拉力F_1和F_2方向相反,与轻线沿同一水平直线,

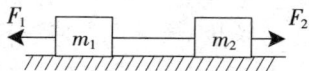

且$F_1>F_2$。试求在两个物块运动过程中轻线的拉力。

解析: 设两物块一起运动的加速度为a,则对整体有$F_1-F_2=(m_1+m_2)a$

对m_1有$F_1-F=m_1a$

解得 $F=\dfrac{m_1F_2+m_2F_1}{m_1+m_2}$

点评: 该题体现了牛顿第二定律解题时的基本思路:先整体后隔离——即一般先对整体应用牛顿第二定律求出共同加速度,再对其中某一物体(通常选受力情况较为简单的)应用牛顿第二定律,从而求出其他量。

例2. 如图所示,物体M与m紧靠着置于动摩擦因数为μ的斜面上,斜面的倾角为θ,现施一水平力F作用于M,M和m共同向上加速运动,求它们之间相互作用力的大小。

解析: 两个物体具有共同的沿斜面向上的加速度,所以可以把它们作为一个整体,其受力如图所示,建立图示坐标系,由牛顿第二定律得:

$F_1=(M+m)g\cos\theta+F\sin\theta$ ①

$F\cos\theta-F_2-(M+m)g\cos\theta=(M+m)a$ ②

且$F_2=\mu F_1$

为求两个物体之间的相互作用力,把两物体隔离开,对m受力分析如图所示,由牛顿第二定律得

$F_1'-mg\cos\theta=0$ ④

$F_N-F_2'-mg\sin\theta=ma$ ⑤

且$F_2'=\mu F_1'$ ⑥

解①~⑥式可得

$F_N=\dfrac{mF(\cos\theta-\mu\sin\theta)}{M+m}$

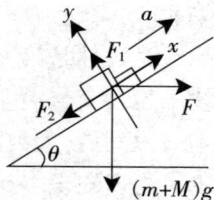

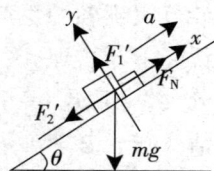

点评: 本题是斜面上的连接体问题,主要考查牛顿第二定律和动摩擦力知识的应用,整体法与隔离法的结合应用是解答本题的切入点。

三、联系生活学习物理

物理学是自然科学中的一部分,是一门研究物质、能量和它们相互作用的学科,它既包含了对物质世界普遍而基本的规律的探索,又对其他自然科学以及科学技术社会生产力的发展具有强大的推动作用。科学技术的每一次重大突破都跟物理学分不开,如果不是在19世纪中期发现了电磁感应现

象,并建立起相应的电磁理论,就不会有发电机、电动机,现在电气化生产就不可能实现,也就不可能有我们现在的网校,如果没有对气体性质的研究和热学理论的建立,那么应用于飞机、汽车、轮船、拖拉机、机车、坦克等的内燃机也就不会存在。如果至今没有人类出行的交通工具,我们就真正处在封闭状态中,探亲访友,出门旅游,将成为空想。没有万有引力定律的科学规律,人造卫星、宇宙飞船、人类登月更不可能变为现实。进入20世纪物理学更广泛应用于工农业生产和科学技术的各个领域,成为科学技术的基础。征得中国科学院部分专家学者的意见,新华社评出的20世纪对世界产生深远影响的十件大事中有两件是与物理学有关的。首件事就是物理学革命,1905年爱因斯坦提出的狭义相对论基本原理和1916年提出的广义相对论基础与普朗克提出的量子论一起改变了人们对时间、空间、物质和运动的概念。20世纪大多数物质文明都是从相对论和量子论这两个物理基础学科衍生和发展起来的。

另一件是第一台电子计算机的诞生与因特网的应用,从目前看计算机技术发展日新月异,应用越来越广泛,改变了人类的生活和工作方式,促进生产力发展,人类开始迈向信息社会。

物理知识本身就是一幅科学、技术、社会的画卷。从鹰击长空,到鱼翔浅底;从电闪雷鸣,到烈日当头;从夜晚繁星,到万家灯火;从家庭里的微波炉、计算机到各种生产活动……很多的生活实例告诉我们,物理离不开生活,生活离不开物理。为什么会这样呢?追根求源是由于物理学是自然科学的一个分支,一切规律结论都是前人生活实践的公式化,理论化,是前人智慧与生活实践的总结。从牛顿的三大定律到爱因斯坦的相对论,从经典力学到电动力学,无不是生活经验的总结与设想。所以要想认识物理、学好物理必须走出校门,走进生活,只有这样才能欣赏到物理这幅美丽的画卷。

《普通高中物理课程标准》中各个模块的主题思想:

共同必修——物理1、物理2,这是全体高中学生的共同学习内容。在该模块中,学生通过学习运动描述、相互作用与运动规律、机械能和能源、抛体运动与圆周运动、经典力学的成就与局限性等物理学的核心内容,经历一些科学探究活动,初步了解物理学的特点和研究方法,体会物理学在生活和生产中的应用以及对社会发展的影响,同时为下一步选学模块做准备。

选修系列——选修1-1、选修1-2,本系列课程模块以物理学的核心内容为载体,侧重物理学与社会的相互关联和相互作用,突出物理学的人文特色,注重物理学与日常生活、社会科学以及人文学科的融合,强调物理学对人类文明的影响。

选修系列——选修2-1、选修2-2、选修2-3,本系列课程模块以物理学的核心内容为载体,侧重从技术应用的角度展示物理学,强调物理学与技术的结合,着重体现物理学的应用性、实践性。

选修系列——选修3-1、选修3-2、选修3-3、选修3-4、选修3-5,本系列课程模块侧重让学生较全面地学习物理学的基本内容,进一步了解物理学的思想和方法,较为深入地认识物理学在技术中的应用以及对经济、社会的影响。

从以上各个模块我们可以看出,无论哪一组模块,不仅含有物理学概念、规律和实验,而且含有物理与社会发展、物理与技术应用、物理与生活等方面的内容。

物理学是一门以实验为基础的科学,可以说,没有实验,就没有物理学。实验的器材资源不仅限于实验室的现有设备,我们身边的物品和器具等也是重要的实验资源,诸如推门、抬东西、跑步、划船、乘电梯、照镜子……这些看起来朴素随意的日常生活,其实都包含着许多物理知识。我们身边的一些常用物品如乒乓球、鸡蛋、纸片都可以是我们进行试验,探究物理原理的工具,它比"正规实验"更富有亲切感,更贴近生活实际,从而激发学习的兴趣。

下面介绍几类小实验同学们去尝试:

★★★ 力学小游戏、小实验

（1）重心小游戏

游戏一:你能拾起放在你面前的一枚硬币吗?

两腿并拢,脚跟靠墙站着,在你脚前33厘米远的地上放一枚硬币,你能脚不动膝盖不弯拾起这枚硬币吗?怎么样?我想你是没法拾起这近在咫尺的硬币的。这是什么缘故呢?当你靠墙站直时,身体的重心就在你的双腿以上,当身体向前倾斜时,重心也就跟着向前移动。为了保持身体的平衡,你的腿必须向前迈,否则人就会跌倒。但是游戏规则规定了不能迈腿,你只能眼睁睁地望着唾手可得的东西而无法把它拿到手。如果你求胜心切,一定要设法拾起这枚硬币,那就非摔个嘴啃泥不可。

游戏二：不是女的就搬不动这个凳子。

这个游戏你妈妈做得到，你爸爸却做不到。参加游戏的人每人用自己的脚长量离墙四脚长的距离，站着，然后靠墙放一个凳子。参加游戏的人先弯下腰，头顶贴墙，如果能把凳子举起来，就算赢了。这个游戏男人办不到，是因为他们的脚太大了。一般来说，女人的脚比男人的脚小，因此当一个男人离墙四脚长距离时，弯下腰他的重心会远离身体支撑点，而一个女人在这种情况下身体重心离支撑点近得多。这样，男人和女人相比，处于十分不利的地位，虽然男人的力气大，但还是举不起凳子来。

注意：游戏开始前，要仔细看看参加游戏的人穿的鞋，请女子不要穿又大又重的皮靴。最好的办法是请男人穿又大又重的靴子，请女子穿高跟鞋，这样游戏就十拿九稳了。

游戏三：大人和小孩谁更容易摔倒。

找一个长木棍和短木棍，像耍杂技般的把它顶在指尖，试试长的还是短的更容易掌握平衡。

物体越高，该物体的重心也越高，跌倒的过程也越长。为什么小孩总比大人容易跌倒？道理就在于大人的重心高，跌倒的过程较长，这就有充足的时间使自己站稳。

(2)难舍难分的书

找两本比较厚的书，把它们的书面对页对插起来，对插的书页越多越好。然后请一位同学用双手抓住一本书，你也用双手抓住另一本书。现在你们用力拉吧，你们会发现，这两本书很难被拉开。这是由于书页与书页之间存在着摩擦力，虽然这种摩擦力并不大，但是由于对插起来的书页很多，这些书页之间存在的摩擦力加起来就形成了一个非常大的力了。

(3)架着尺子的两个食指为什么不能同时移动？

取一把直尺，用两个食指架着它的两端，这时你若轻轻把两食指慢慢向中央移动，你会发现，两个食指总不能同时运动，整个滑动过程是：一个指头先向中央滑行一段距离，然后停下来，另一个指头才能开始滑动，滑过一段距离开，又必须停下来，接着先前的那个指头又开始滑动，就这样轮流进行分别向中央靠拢，这是什么原因呢？

架着尺子的两个指头在不发生滑动时只承受着尺子的重力，若两手指对称地在尺子的两端，则每个指头各支承尺子重量的一半。但通常并不完全一致。当两指头用力向中央滑动时，由于手指与尺子之间有摩擦力作用，两个手指与尺之间的最大静摩擦系数不会完全一样，总有一个小些，因此，这只手指就首先向尺中央移动。一旦指头开始移动，静摩擦力就转变为滑动摩擦力，我们知道，通常物体间的滑动摩擦要小于最大静摩擦。所以开始滑行的手指与尺子之间的摩擦力要比另一个手指与尺子之间的静摩擦力小，所以只有当它向中央滑行一段距离开，它所承受的尺子的压力变大，相应摩擦力也变大。当这个滑动摩擦力大于另一个手指与尺之间的最大静摩擦时，这只手指就停下来，而另一只手指开始向中间移动，当它移动到离中央一段距离时，它与尺之间的摩擦力又大于第一个手指与尺之间的最大静摩擦力，第一个手指接着开始滑，如此间断地交替滑行才能把两手指头移到尺子中央，我们无法只移动一个手指而让另一个手指保持不动。

（4）力的合成与分解

游戏一：你能把两个拳头放在一起而保持不动吗？

用这个游戏可以和力气比你大的人开个小小的玩笑。方法简单极了，请你的对手把两臂向前伸直，两手握拳，一个拳头放在另一个上面。你的任务就是把两个叠在一起的拳头分开，要是分不开，对手就赢了。你也许以为对方力气大，很难分开。其实，这简单得如同儿戏，你只需用两个指头迅速地把对方的手背往两边一拨，拳头就轻而易举地分开了。（如果这个办法不灵，检查一下对方是否在捣鬼，比如用上面的拳头握住下面拳头的大拇指。）

这个游戏妙就妙在对方越是使劲把拳头并在一起，你就越容易把它们分开，所以别忘了叫对手使劲。为了使双拳保持并在一起的位置，对方必须在上下方向用力，几乎没有往左右两边用力，而你的进攻正是从左右两边发起的。你手指的作用力与对手的力来自不同的方向，所以你的手指用力虽然不大，却能发挥明显的作用。

游戏二：拉不直的绳子。

取一根一米多长的绳子，系在一本书的中间，绳子的两端在两手上各绕几圈，然后尽力把绳子拉直。不管你的力气有多大，绳子总是拉不直。为什么呢？因为两边绳子中间的夹角越大，为了克服书本的重量，用手拉绳子的力也必须越大。当绳子接近水平状态的时候，它受到的力大到足以使绳子断掉（如果你有那么大力气的话）。两根电线杆之间的电线为什么总有些下垂呢？原因之一就是把它拉得太紧，就会由于它本身的重量而被拉断。

（5）超重与失重

利用塑料瓶观察超、失重现象。找来一个塑料瓶，内装半瓶水，在瓶底用铁钉钻一小孔，可看到水从孔中喷出，迅速手持塑料瓶向上匀加速运动，可以看到小孔里喷出的水比刚才喷得更急、更远。这是因为瓶内的水处于超重状态，它对瓶底的压力增大的结果。再将塑料瓶装满水，手持塑料瓶在高处不动，可以看到水从小孔里射出。突然丢手，让塑料瓶做自由落体运动。大家可以看见原来向外喷水的塑料瓶，在向下落时，一点水也不向外喷射！这是因为水处于失重状态时，它对瓶底的压力几乎减小为零了。

（6）做惯性实验

试验一：打鸡蛋。

在盛半杯水的玻璃杯口上放一张硬纸片，再在纸片上放一个鸡蛋，用手把硬纸片突然弹出去，很多女生都不敢做这个实验，其实只要动作迅速，鸡蛋会安全地掉进玻璃杯里。

做完之后想想为什么把鸡蛋没有弹飞？硬纸片被弹走的时候，鸡蛋由于惯性，不会马上运动，失去支持，就会掉进玻璃杯里了。

再想想，玻璃杯中为什么要盛半杯水呢？为了起到缓冲作用。

实验二：哪根线先断？

用两根强度相同的约30厘米长的细线，各系一个秤锤或其他重物。秤锤的重量应当是用细线把它提起来的时候，细线不致被拉断。先把一个秤锤挂起来，用手掌托着第二个秤锤，小心地把它挂在第一个秤锤直，然后，把手移开。这时候，哪一根线先断呢？如果手慢慢地向下移开，这样是上面的线先断，因为上面的线要承受两个秤锤的重量。如果手迅速地向下移开，下面秤锤上的线被猛地向下一拉，就受到比秤锤重量还大的力，而上面的秤锤由于惯性作用，在瞬时间内还处于静止状态，所以在这种情况下，上面的线没有断，倒是下面的线先断了。

实验三：区分生熟鸡蛋

在不打破蛋壳的前提下，不使用任何工具，你能把生、熟鸡蛋区分开来吗？用什么方法呢？

可以用两种办法来判别。①用大致相同的力量使鸡蛋在桌子上转动，转得快的是熟鸡蛋，转得慢的是生鸡蛋；②当鸡蛋转动之后，用手指轻轻地在

走进物理

鸡蛋上面按一下,立即停止转动的是熟鸡蛋,生鸡蛋内部是流体,鸡蛋内部流质由于惯性会继续运动。

★★★ 电学小实验

(1)自制箔片验电器。

材料:空酱菜玻璃瓶一个、铜丝一小截、香烟盒铝箔包装纸等。在酱菜瓶盖中央开一小孔,把铜丝穿入孔中,瓶盖外端弯曲成环状,瓶盖内侧弯曲成"L"状,剪一张长条铝箔纸,铝箔面相对折叠,折叠处粘贴在铜丝下端,尽量使铜与箔条相接触。实验时,将瓶盖盖好,用带电体接触铜丝环,通过透明玻璃瓶可以看到两箔片张开。

(2)水是液体也能发生静电感应吗?

我们先试试把与毛皮摩擦过和塑料棒(或塑料梳子、笔杆)接近纸屑等轻小物体,会观察到什么现象?

把家用自来水开关调到有一股细流,把与毛皮摩擦过和塑料棒(或塑料梳子、笔杆),接近此细流,会观察到什么现象?

棒接近纸屑等轻小物体时,会发现棒会吸引纸屑;棒接近水流时,会清楚看到水流向塑料棒的方向弯曲。

(3)为什么欧姆表测灯泡阻值比计算值小?

一只灯泡"220V 25W",请根据电功率公式可算得灯丝的电阻,再用欧姆表测测看,测出来的阻值是大了还是小了,为什么?

经计算,灯泡灯丝的阻值为1936,测出的值肯定要比这一值要小。

因为通过灯泡规格计算出的电阻值是灯泡在正常工作时的阻值,因为灯丝的电阻随温度升高而增大,灯泡发光时,温度高,电阻大,欧姆表测量时,要把灯泡取下来,这时温度较低,所以阻值较小。

(4) 铁钉变磁铁。

找一个3~4寸长的铁钉,把它放在火上烧红,再把它捂在沙里慢慢冷却,这叫退火。待铁钉凉透之后,把它靠近大头针,它对大头针没有一点儿磁力。然后,你左手拿着铁钉,一头对准北方,另一头准南方,右手拿起木块,在钉头上敲打7~8下。你再把铁钉放进大头针盒里,它就能吸起一些大头针了。这说明,就这么敲打几下,铁钉磁化成磁铁了,虽然它的磁力不大。如果把它朝东西方向放好,再敲几下,它的磁力又会消失。原来铁钉没磁化前,它内部的许多小磁体,杂乱无章,磁力相互抵消,所以没磁力。当你把铁钉朝南北方向放好,敲打它,内部的小磁体受振,在地磁的作用下,就会规矩地排列起来,铁钉就有磁性了。当你把铁钉朝东西方向放好,再敲打时,铁钉内部的小磁体又会变得乱七八糟,所以铁钉没有磁性了。

★★★ 热学小实验

(1)100毫升加100毫升是200毫升吗?

取一个有刻度的量杯,一个大杯子,一把勺子,一瓶酒精和一些水。用量杯量100毫升的水,倒入大杯中,再量100毫升的酒精,也倒入大杯中,用勺搅匀。现在请你量量这杯混合溶液,看看是200毫升吗? 这两种溶液混合后,你会发现离200毫升还差得多呢,这是怎么回事呢? 是量得不准吗?

不是。这是因为液体是由分子组成的。当水和酒精混合后,由于水和酒精分子之间的吸引力,比未混合前水分子同水分子之间、酒精分子同酒精分子之间的吸引力要大一些,所以混合后分子之间排得更紧密些,混合液的总体积也就减小了。这种奇特的体积减小的情况,并不是所有的液体混合后都会发生的,也有混合后体积不变或者变大的情形。

(2)你能把两个摞在一起的湿玻璃杯分开吗?

拿两个同一规格的玻璃杯,把一个放在另一个里面,在套在外面的杯子口上淋点水,使两个杯子之间形成薄薄的一层水膜。试试看,你能把两个杯子分开吗? 两个杯子之间的那一层薄水膜,好像黏性极大的胶一样,把杯子粘得牢牢的, 用力拔也拔不开。这是因为水分子之间有聚合在一起的内聚力,水和玻璃之间有相互吸引的附着力。两个湿杯子摞在一起,使这两个力结合在一起,在杯子之间形成一种强有力的粘合力,因此杯子拔也拔不开。怎样才能把这两个杯子分开呢? 这里有一个诀窍,往套在里面的杯子里倒上一些冰水,再把外面的杯子放在热水里浸一下,立刻拔,就可以把两个杯子分开。这是因为热胀冷缩,里面的杯子收缩,外面的杯子膨胀,这个极小的变化,能够破坏那层薄水膜在两个杯子间形成的粘合力,杯子就可以分开了。需要注意的是,动作一定要快,否则杯子会粘得更牢。

(3)你能在纸杯子上烧一个洞吗?

用一个装过冰淇淋的纸杯子装上水,一手拿纸杯子,另一手拿划着的火柴靠近纸杯子的底部,你能把纸杯子烧穿一个洞吗? 纸杯子肯定是烧不着的,这是水在从中作怪。我们知道要点着火必须做到有燃料、氧气、热源,还要达到燃点。显然,现在有燃料(纸杯子),也有大量氧气(周围的空气中含氧),还有热源(火柴),所缺的就是燃点。杯子里的水把火柴烧杯子时,所产生的热都吸收了,使杯子无法达到燃点,纸杯子也就烧不着了。

(4)你能让硬币浮在水面上吗?

打一盆清水来,准备几个硬币,把硬币竖直地向水里扔,硬币必定沉没在水中。用食指托住硬币,慢慢地使指头没入水中,使硬币平落水面。奇迹发生了,硬币居然漂浮在水上!

硬币浮在水上是有道理的,那是表面张力把它托住了。水面的分子受到水里分子的吸引,使水面趋向收缩。荷叶上的一滴水,会收缩成水珠,细管子里的水,水面会向管口凸起。从这种收缩的倾向中,我们看到相邻的两部分水面之间存在着相互牵引力,这就是表面张力,它使硬币漂在水上。水面的表面张力很小,水盆稍有摇晃,硬币就会落到水中。

(5)你能从漏斗中把一个乒乓球吹出来吗?

拿一个乒乓球放在漏斗里,仰着头,往漏斗里吹气,你能把乒乓球从漏斗中吹出来吗?

你也许想,这还不容易吗?事实并非如此。你越是使劲想把乒乓球吹出来,它越是待在那里不动。这是因为当气流从漏斗中冲出来时,冲击乒乓球的表面,气流绕着乒乓球往上涌,这时球下部的压力比大气的压力小,因而使球无法跳出漏斗。你越是使劲吹,球下面的气流速度越快,压力也越低,大气的压力就会把球死死地"摁"在漏斗里。

★★★ 光学小实验

自显峨嵋宝光

峨眉宝光,又称峨眉佛光,峨眉佛光出现在金顶处,当阳光从观察者背后照射过来至浩荡无际的云海上面时,深层的云层就把阳光反射回来,经浅层云层的云滴或雾粒的衍射分化,形成了一个巨大的彩色光环,在金顶舍身岩上俯身下望,会看到五彩光环浮于云际,自己的身影置于光环之中,影随人移,决不分离。无论多少人,人们所见的也终是自己的身影,且"光环随人动,人影在环中",这便是令人惊奇的峨眉佛光。佛光是一种特殊的自然物理现象,其本质是太阳自观赏者的身后,将人影投射到观赏者面前的云彩之上,云彩中的细小冰晶与水滴形成独特的圆圈形彩虹,人影正在其中。佛光的出现要阳光、地形和云海等众多自然因素的结合,只有在极少数具备了以上条件的地方才可欣赏到。峨眉山舍身岩就是一个得天独厚的观赏场所。19世纪初,科学界便把这种难得的自然现象命名为"峨眉宝光"。在金顶的舍身岩前,这种自然现象并非十分难得,据统计,平均每五天左右就有可能出现一次便于观赏佛光的天气条件,其时间一般在午后3~4点。

站在距离大衣柜的镜子一米左右远的地方,用尼龙纱巾把自己的头蒙上,将手电筒举到和头一样高的位置,向镜子照射。当你正对着从镜子中反射回来的光束看的时候(不要偏离,否则影响效果),就会惊奇地发现,你的头像四周有几个十分美丽的光环,极像峨眉山金顶峰上的奇景——峨嵋宝光。

这是由于光不但具有反射的特点,而且遇到微小的障碍物(实验中尼龙纱巾的丝)以后,在绕过(衍射)时,弯曲程度也不同,所以会形成彩色的光环,好看极了。

四、回顾反思、深化认识

成功固然有方法,失败必然有原因,当学习遇到困难或者失误时,必须要找到相应的原因加以分析、总结,只有这样,才能避免下次重蹈覆辙。学习中就是在学习——失误——总结的过程中逐步提高认识的。

(一)常见学习障碍探讨

1. 听得懂课但却不会做题

大部分同学,特别是物理成绩中等的同学,总有这样的疑问:"上课听得懂,但就是在课下做题时不会。"这确实是个普遍的问题。

首先分析为什么上课听得懂,而课下不会做题?

我举一个例子,要求画一只小狗,我先给你示范一遍,要求你画出一幅。你会发现刚才看起来很容易的简笔画,对于初学者来说,也变得有些困难,经过几次的练习,你总能画出一幅让你满意的大作。听别人说话,看别人文章,听懂看懂绝对没有问题,但要自己写出来变成自己的东西就不那么容易了。又比如小孩会说的东西,要让他写出来,就必须经过反复写的练习才能达到那一步。因而要由听懂变成会做,就要在听懂的基础上,多多练习,方能掌握其中的规律和奥妙,真正变成自己的东西,这也正是学习高中物理应该下工夫的地方。

通过习题练习是学习过程中一个十分重要的环节。它是对所学概念、规律加深理解和记忆的不可或缺的步骤,也是深化知识,构建知识点之间的内在联系的重要途径,是促成知识向能力转化的必经之路。学生在课上初步掌握了所学的概念和规律,但是在理解上往往只是表面的、片面的、孤立的,只有通过对适当的具体物理习题的解答才能从不同侧面、不同角度完善对概念、规律的理解,巩固与深化所学概念、规律。

练习要达到一定量的积累,就会发生质的变化,同学们会发现有些题起初似懂非懂,只是按照书上的例题或老师的讲解在模仿,到后来会豁然开朗,明白为什么要这样做了。书读百遍,其义自现,说的也就是这个道理。

由此看来,听得懂不会做说明我们完成了学习中的"学",还需要完成另一部分"习"。

2. 为什么我总是想错

高中物理揭示物理现象的本质和变化规律,有时根据看到的现象得出的结论反而是错的,所以要养成根据物理概念与规律分析解答物理问题、认识物理现象的习惯,要"讲理"而不是凭直觉。

(1)先入为主造成错误。

所谓"先入为主",就是把先前已有的印象或观念当成是正确的,并形成了一种强烈的心理倾向,不易改变原来的印象或不易耐心听取其他意见,妨碍了正确物理概念的建立。可见"先入为主"实际上是一种成见,这种成见往往在物理学习中导致"先入为主"的学习错误,"先入为主"主要表现为用原有的知识来理解或取代新概念和新规律。特别在学习力学时,错误的生活经验先入为主,直接影响着对物理概念规律的理解与学习。

以前测量长度、质量时,为了使得结果更加精确,通常多测几次,最后求平均值确定数据,受此方法的影响,在学习平均速度时,不分析具体问题,全用 $v=\dfrac{v_1+v_2}{2}$ 来计算,忽视了这一公式仅适用于匀变速直线运动。

摩擦力一定是阻力吗?初中学习摩擦力时,主要学习了滑动摩擦力,而且所举实例中大多摩擦力都充当了阻力的角色,所以高中一学习摩擦力,就有很多人认为摩擦力一定是阻力。其实,不论是具体的静摩擦力还是滑动摩擦力,都有充当阻力、动力的不同实例:

静摩擦力:当你推桌子没有推动,是因为静摩擦力充当了阻力,放在车厢中的货物随车一起加速启动时(与车保持相对静止),受到向前的静摩擦力,对物体来说,静摩擦力充当了动力。

滑动摩擦力:小朋友滑滑梯时,滑动摩擦力充当了阻力,无初速地放上传送带的物体,刚开始由于速度差,和传送带之间相互打滑,受到向前的滑动摩擦力,使物体加速,这一过程中滑动摩擦力充当了动力。

(2)用数学方法代替物理概念。

实际中表现为抛开物理定律的适用条件和所表达的物理内容,单纯从数学角度去分析讨论问题。任何一条物理定律都是在一定的条件下用大量的实验事实归纳总结出来的,所以,学习物理定律时就必须了解它的适用条件,熟知它所表达的物理内容,而不能用学习数学的方法,单纯从数学角度去分析考虑问题,得出与事实不相符的结果。

例如,学习了万有引力定律后,有同学误认为,当 $r \to 0$ 时,$F \to \infty$,这一数学分析推理完全抛开了万有引力的适用条件:两物体可视为质点。学习库仑定律后,也出现类似的错误,认为两电荷距离很近时,它们之间的相互作用力相当大,而忘记了库仑定律的适用条件是真空中两个点电荷。

学习欧姆定律后,有人把欧姆定律的公式写成 $U=IR$ 或 $R=\dfrac{U}{I}$,说什么 $I=\dfrac{U}{R}$ 与 $U=IR$ 或 $R=\dfrac{U}{I}$ 是等价的,是一样的。根据欧姆定律所表达的内容,它的数学公式只能表示为 $I=\dfrac{U}{R}$。$U=IR$ 是表示电流通过电阻后因做功而使电压降低,该式说明了能量的转换与守恒;$R=\dfrac{U}{I}$ 给出了测量电阻的一种方法——伏安法测电阻,电阻值总是等于 U 与 I 的比值,3 个数学公式的意义是不同的,不考虑物理意义单纯用学习数学的方法学习物理是学不好的。在对物理公式进行数学讨论时不能抛开物理定律的适用条件和所表达的物理内容。

(3)将定义式和关系式混为一谈。

物理量都有定义和定义式,如 $E=\dfrac{F}{q}$,$C=\dfrac{Q}{U}$,$U=\dfrac{W}{q}$,$R=\dfrac{U}{I}$ 等分别是电场强度、电容、电势、电阻的定义式,对于任何一个用比值定义的定义式,都不存在正比与反比的关系,它只表示量度该物理量的一种方法。例如 $C=\dfrac{Q}{U}$,我们不可以说"平行板电容器的电容跟两板上所带的电量 Q 成正比,跟两板间的电压 U 成反比。"因为电容器的电容是客观存在的,当两板不带电时,电容依然存在。$E=\dfrac{KQq}{r^2}$ 和 $E=\dfrac{U}{d}$ 分别表示点电荷的场强大小的关系式和平行板电容器间匀强电场的关系式。对于任何一个关系式,都可以说正比与反比的关系,因为关系式就是表示该物理量的大小都与哪些因素有关。在学习物理量时,要将物理量的定义式与关系式严格区分,深刻理解数学公式所表示的物理意义,不可将两者混为一谈。

(4)主观臆断,推理无据造成错误。

学生往往根据直观知觉基础上的体验,根据以前解决类似问题的经验,主观臆断,从而造成错误。表现为片面的甚至是错误的概念的形成。如:

①汽车不发动不会运动,自行车不蹬最终会停下来,因此得出结论运动需要力来维持,认为:"力是运动的原因",忽视了车不走的原因还与摩擦力有关。

②静止的物体不会受滑动摩擦力作用,运动的物体不会受静摩擦力作用。静止的物体受滑动摩擦力作用的问题,请你想想,女人给脸上抹油的时候,脸是静止的,只是手的运动,手和脸之间有相对运动而已,前面提到放在车厢中的货物随车一起加速启动时(与车保持相对静止),受到向前的静摩擦力,静摩擦力中的静止是相对静止,物体与车之间保持了相对静止,受到了静摩擦力作用,但是相对于地面是向前运动的。

③学习自由落体定律之前,学生因看到鸡毛或纸片比石块下落得慢,就得出错误的结论:物体越重就下落得越快,忽略了空气阻力对运动的影响。

④鸡蛋碰石头时,鸡蛋碎了而石头没碎,因此得出结论:石头受的力大,鸡蛋受的力小;地球绕着太阳转,因此得出结论:太阳对地球的万有引力大于地球对太阳的万有引力,没有考虑作用力和反作用力的关系。

⑤推桌子没有推动,认为因为摩擦力大于推力,没有考虑力的平衡原理。

⑥"自行车刹车后使车停下来的力是闸和瓦圈间的摩擦力",没有考虑受力分析中内力和外力及研究对象的问题。

⑦合力和分力那个大? 由于对矢量合成与分解知识的不了解,有很多人认为合力一定比分力大,合力就是分力之和,一个力不可能分解成比它更大的力,其实不然,我们可以通过举例弄清这一点,比如有两个分力,$F_1=3N$,$F_2=4N$,当两个力方向相同时,合力为7N,方向相反时,合力为1N,由此看出,合力有可能比分力大,有可能比分力小。

（5）相近概念混淆引发判断失误。

增大正压力,摩擦力怎样变化?手握住一只杯子举了起来,现在增大手的握力,请问摩擦力怎样变化。学生受初中学习滑动摩擦力的影响,认为正压力增大,摩擦力一定增大,实际上不对,问题在哪儿呢?

滑动摩擦力依据公式 $f_\mu=\mu F_N$ 可知,正压力增大,相应的滑动摩擦力一定增大。但是静摩擦力不一定增大,因为静摩擦力不是通过公式计算的,静摩擦力可以根据物体的平衡条件来确定。举个例子,一个平放在地面上的正方体物块,无论受到的正压力(水平方向不受力)多大,他受到的摩擦力却一定是零。

对手中的杯子,可以作受力分析,杯子只受两个力,重力和手给它的摩擦力,没有相对运动,是静摩擦力,然后做运动情况分析,杯子静止于,是两力必须等大反向。显然,无论正压力多大,因为杯子所受静摩擦力与重力相等,重力不变,所以可得出静摩擦力没有发生变化。

那么,什么发生变化了呢?最大静摩擦与滑动摩擦类似,滑动摩擦力 $f_\mu=\mu F_N$,最大静摩擦力也有相似的表达式 $f_{max}=\mu_{max}F_N$,只不过为滑动摩擦因数 ; μ_{max} 为最大静摩擦因数,所以最大静摩擦与正压力有关,正压力增大,最大静摩擦力也随着增大,这也就是为什么杯子受握力越大,越难掉下来的缘故,联系生活经验我们知道这样杯子会更加难掉下来。

(6)不理解物理意义,生搬硬套造成错误。

记忆是任何学科学习中必不可少的,但必须在理解的基础上记忆,死记硬背不可取, 也行不通。例如, 一个灯泡两端加6V电压时通过它的电流是0.6A,求的电阻.解为:按照欧姆定律 $R=\dfrac{U}{I}$,求得 $R=10\Omega$。同理,在一个玩具车上的电动机两端加6V电压时通过它的电流是0.6A,求电动机线圈的电阻。学生也很容易按照欧姆定律 $R=\dfrac{U}{I}$, 求得 $R=10\Omega$,忽视了电动机是非纯电阻元件,不适用欧姆定律,这里就反映了死记硬背物理公式,而不理解物理公式的意义和内涵而造成错误。

五、归纳总结、提高能力

模仿学习是认识初步知识,勤加练习可以加深理解,归纳总结式的专题学习是提高能力的最好途径。通过归纳思路,实现重点、难点、深度的深化和能力的提升;归纳总结常常以专题形式进行, 即典型习题类型的处理及求解;相互渗透的综合问题的处理及求解;这样既可以做到复习基础知识,又可以发展综合能力。以下是中学物理中常见的经典问题,以专题的形式展现。

★★★ 专题一　物理图像专题学习

在高中物理学习中,图像法是一种重要的解题方法,它具有思路简明清晰,方法新颖独特等优点,况且有些物理问题在高中阶段只能用图像法解决。解题中要抓住图像的斜率、截距、交点、面积等几个要点,恰当地使用图像法往往能使物理问题变得直观简单,起到事半功倍的效果。

1. 挖掘交点的潜在含义

一般物理图像的交点都有潜在的物理含义,解题中往往又是一个重要的条件,需要我们多加关注。

例1. 如图是额定电压为100伏的灯泡由实验得到的图线,则此灯泡的额定功率为多大? 若将规格是"100V、100W"的定值电阻与此灯泡串联接在100V的电压上, 设定值电阻的阻值不随温度而变化,则此灯泡消耗的实际功率为多大?

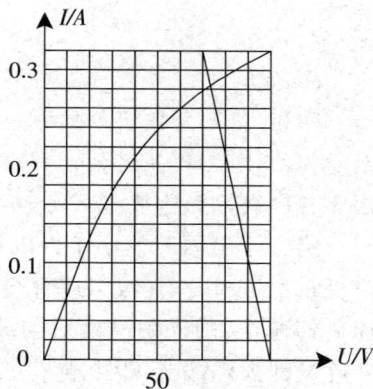

解析: 由图线可知:当$U=100V$,$I=0.32A$,$P=UI=100×0.32W=32W$;

定值电阻的阻值$R=100\Omega$

由$U_L+U_R=100V$,得:$U_L+100I=100V$,即$I=1-\dfrac{U_L}{100}$

作该方程的图线,它跟原图线的交点的坐标为:$I_1=0.28A$,$U_{L1}=72V$;此交点就是灯泡的工作点,故灯泡消耗的实际功 $P_{L1}=I_1U_{L1}≈20W$。

2. 抓住斜率、纵、横轴的截距的隐含条件

例2. 质量为m_1的物体放在A地,用竖直向上的力F拉物体,物体的加速度a与拉力F的关系如图中的①所示;质量为m_2的物体在B地做类似实验,测得$a-F$关系如图中的②所示,设两地重力

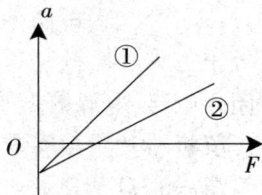

加速度分别为g_1和g_2由图可判定 （ ）

    A. $m_1>m_2,g_1=g_2$ B. $m_1<m_2,g_1=g_2$

    C. $m_1=m_2,g_1>g_2$ D. $m_1=m_2,g_1<g_g$

解析：对物体有$F-mg=ma$，得$a=\dfrac{1}{m}F-g$，斜率k代表质量的倒数，$k_1>k_2$，所以有$m_1<m_2$，纵截距b表示g，所以$g_1=g_2$。

    3. 明确面积的物理意义

    （1）利用v-t图中图像与坐标轴围成的面积表示位移比较运动时间的长短。

    例3. 一物体做加速直线运动，依次通过A、B、C三点，$AB=BC$。物体在AB段加速度为a_1，在BC段加速度为a_2，且物体在B点的速度为$v_B=\dfrac{v_A+v_C}{2}$，则有 （ ）

    A. $a_1>a_2$ B. $a_1=a_2$

    C. $a_1<a_2$ D. 不能确定

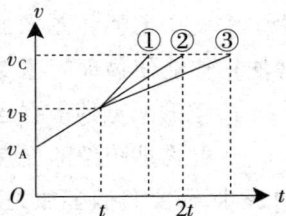

    解析：依题意作出物体的v-t图像，如图所示。图线下方所围成的面积表示物体的位移，由几何知识知图线②、③不满足$AB=BC$。只能是①这种情况。因为斜率表示加速度，所以$a_1<a_2$，选项C正确。

    例4. 甲乙丙三辆小车，以相同的速度V_0同时经过A点，甲一直做匀速直线运动，乙先匀加速后匀减速，丙先匀减速后匀减速，通过B点时速度又都为V_0，试判断哪辆车先通过B点。

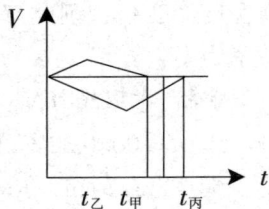

    解析：可以利用v-t图中图像与坐标轴围成的面积表示位移来通过做图解决。做出三辆小车运动的V-t图，由图可以看出，乙车所用的时间最短。

    （2）利用U-I图中图像与坐标轴围成的面积表示电功率求功率。

    例5. 如图所示的图线，A是某电源的U-I图线，B是电阻R的U-I图线，这个电源的电动势等于_____，内电阻等于_____，电阻R的阻值等于_____，用这个电源和这个电阻R串联成闭合电路，电源输出的电功率等于_____。

    解析：A的纵截距表示电源的$E=3v$，斜率表示内阻$r=0.5\Omega$，B图的斜率表示电阻R的阻值等

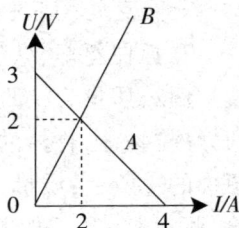

104

于1Ω，类比v-t图中图线与坐标轴包围的面积表示位移，所以虚线和坐标轴所包围的面积等于输出功率。

（3）利用d-$\dfrac{1}{v}$图中图像与坐标轴围成的面积表示时间巧解时间问题。

例6. 一只老鼠从洞口爬出后沿一直线运动，其速度大小与其离开洞口的距离成反比，当其到达距洞口为d_1的A点时速度为v_1，若B点离洞口的距离为（$d_2>d_1$），求老鼠由A运动至B所需的时间。

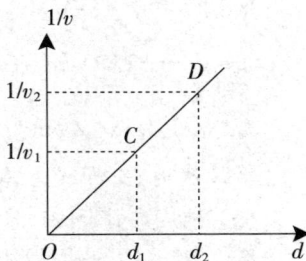

解析： 根据题意，$v=\dfrac{k}{d}$（k为比例系数）

$v_1=\dfrac{k}{d_1}$ 得，$k=d_1v_1$

画出$\dfrac{1}{v}$-d图线，是一条通过原点的直线，类比v-t图中面积的物理意义，

$\dfrac{1}{v}$-d图中图像与坐标轴围成的面积，应该是从d_1到d_2的时间。

面积$S=\dfrac{1}{2}(d_1+d_2)\times(\dfrac{1}{v_2}-\dfrac{1}{v_1})$

由$v_2=\dfrac{k}{d_2}=\dfrac{d_1v_1}{d_2}$

得$t=\dfrac{d_2^2-d_1^2}{2d_1v_1}$

请你尝试用d-$\dfrac{1}{v}$图做一做吧。

（4）利用F-S图中图像与坐标轴围成的面积表示功求变力做功。

例7. 用锤击钉，设木板对钉子的阻力跟钉子进入木板的深度成正比，每次击锤时，锤子对钉子做的功相等，已知第一次时，钉子进入板内1cm，则击第二次时，钉子进入木板的深度为多少？

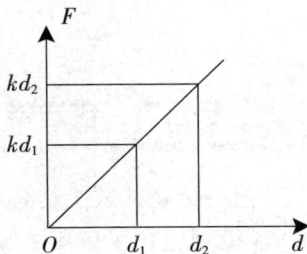

解析： 根据题意，阻力$f=k\times d$，画出F-d图，是一条通过原点的直线，类比v-t图中面积的物理意义，F-d图中图像与坐标轴围成的面积，表示每次击锤时锤子对钉子做的功。

$$W_1 = \frac{1}{2} d_1 \times k d_1 = k d_1^2$$

$$W_2 = \frac{1}{2} (k d_1 + k d_2)(d_2 - d_1)$$

$$W_1 = W_2$$

$$\frac{1}{2} k d_1^2 = \frac{1}{2}(k d_1 + k d_2)(d_2 - d_1) \qquad d_2^2 = 2 d_1^2$$

$$d_2 = \sqrt{2}\, d_1 = \sqrt{2} \text{ cm}$$

第二次时,钉子进入木板的深度为$(\sqrt{2} - 1)$cm

(5) 利用$F{-}t$图中图像与坐标轴围成的面积表示冲量解题。

例8. 用电钻给建筑物钻孔时,钻头受到的阻力与进入的深度成正比,若钻头匀速钻进时第一秒内阻力的冲量为100NS,则5秒内阻力的冲量为多少?

解析: 根据题意,阻力$f = k \times d = k \times vt$

$$f = kv \times t$$

画出$F{-}t$图,是一条通过原点的直线,类比$v{-}t$图中面积的物理意义,$F{-}d$图中图像与坐标轴围成的面积表示阻力的冲量

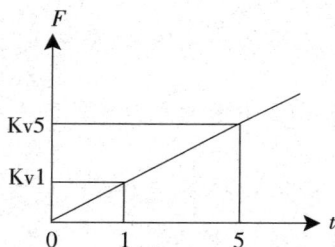

$$I_1 = \frac{1}{2} \times 1 \times kv1 = 100$$

$$Kv = 200$$

$$I_2 = \frac{1}{2} \times 5 \times kv5 = 2500\text{NS}$$

通过以上分析可以看出,图像的内涵丰富,综合性比较强,而表达却非常简明,是物理学习中数、形、意的完美统一,体现着对物理问题的深刻理解。运用图像解题不仅仅是一种解题方法,也是一个感悟物理的简洁美的过程。

★★★ 专题二 传送带上物体运动情况分析

把一个物体放上传送带,物体与传送带间由于速度的不同,产生相对位移,该模型包含了应用牛顿第二定律和运动学公式计算物体的运动,两个物体间的相对运动等知识点,所以无论是训练学生的思维还是在高考中都备受青睐。

传送带上物体运动问题,关键是分析清楚物体所受摩擦力的大小和方

向,下面我们从几个不同的方面进行分析。

1. 水平传送带上物体的运动情况

例1. 如图所示,传送带保持1m/s的速度运动,现将一质量为0.5kg的小物体无初速度地放上传送带左端,设物体与皮带间动摩擦因数为0.1,传送带两端水平距离为2.5m,则物体从左端运动到右端所经历的时间为多少?

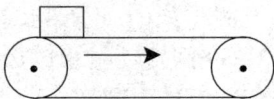

解:物体放在传送带上,由于物体没有初速度,所以相对于传送带落后(向左),水平方向受向前(向右)的滑动摩擦力作用,则加速度$a=\mu g=1m/s^2$

物体在传送带上的加速时间为$t_1=\dfrac{v-v_0}{a}=\dfrac{1}{1}s=1s$

加速位移为$x_1=\dfrac{1}{2}at^2=\dfrac{1}{2}\times1\times1^2m=0.5m$

剩余的$x_2=2.5-0.5m=2m$物体将做匀速直线运动,运动时间为:

$t_2=\dfrac{x}{v}=\dfrac{2}{1}s=2s$

所以物体从左端运动到右端所经历的总时间为$t=t_1+t_2=3s$

从运动学角度来看,物体先加速后匀速,从力学角度来看,物体起初受到向前的滑动摩擦力,后不受摩擦力,有很多学生认为在匀速段要受到静摩擦力,这一点一定要注意。

例2. 如图所示,传送带长10m,以4m/s的速度匀速运动,物体与传送带之间的动摩擦因数为0.2,若把质量2kg的物体竖直向下轻轻放在水平传送带的起始端,则经多少时间才能将物体传送到终端?传送带的摩擦力对物体做了多少功?($g=10m/s^2$)

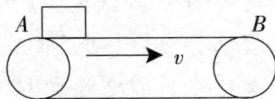

解:物体放在传送带上,由于物体没有初速度,所以相对于传送带落后(向左),水平方向受向前(向右)的滑动摩擦力作用,则加速度$a=\mu g=2m/s^2$

物体在传送带上的加速时间为$t_1=\dfrac{v-v_0}{a}=\dfrac{4}{2}s=2s$

加速位移为$x_1=\dfrac{1}{2}at^2=\dfrac{1}{2}\times2\times2^2m=4m$

剩余的$x_2=10m-4m=6m$物体将做匀速直线运动,运动时间为:

$t_2=\dfrac{x}{v}=\dfrac{6}{4}s=1.5s$

所以物体从左端运动到右端所经历的总时间为$t=t_1+t_2=3.5s$

物体只有在加速阶段受到向前的滑动摩擦力,所以对物体做的功为:

2. 倾斜传送带上物体运动情况

例3. 如图所示,传送带与地面间的夹角为37°,AB间传动带长度为16m,传送带以10m/s的速度逆时针匀速转动,在传送带顶端A无初速地释放一个质量为0.5kg的物体,它与传送带之间的动摩擦因数为0.5,则物体由A运动到B所需时间为多少(g=10m/s^2,sin37°=0.6)

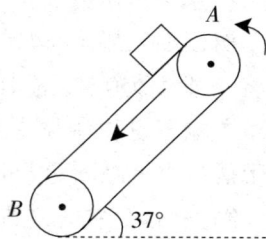

解:刚开始物体所受摩擦力的方向非常重要,有很多人根据静止斜面体上的物体认为受到沿斜面向上的摩擦力,事实上由于物体无处速,和传送带之间相互打滑,是滑动摩擦力,物体相对于传送带向上运动,所以受到沿斜面向下的滑动摩擦力,正交分解后写出合力。

$F_合=mg\sin\theta+\mu mg\cos\theta$

加速度为$a=g\sin\theta+\mu mg\cos\theta$=10m/s^2

加速时间为$t_1=\dfrac{v-v_0}{a}=\dfrac{10}{10}$s=1s

加速位移为$x_1=\dfrac{1}{2}at^2=\dfrac{1}{2}\times10\times1^2$m=5m

剩余的x_2=16m-5m=11m

按照平面上的传送带,物体将和传送带一起匀速运动,但斜面上的这个物体能与斜面体相对静止吗?

物体的重力沿斜面向下的分量为$mg\sin\theta$=0.6mg

物体在斜面上能受到的最大静摩擦力为$\mu mg\cos\theta$=0.4mg

所以物体在斜面上不能相对静止,仍然加速下滑,

$F_合=mg\sin\theta-\mu mg\cos\theta$

加速度为$a=g\sin\theta-\mu mg\cos\theta$=2m/s^2

剩余的11m将加速运动,根据$x=v_0t+\dfrac{1}{2}at^2$

解得t_2=1s

所以,物体由A运动到B所需时间为$t=t_1+t_2$=2s

3. 逆向运动的传送带

例4. 如图,长L=8m的水平传送带以4m/s的速度逆时针匀速传动,有一个工件以6m/s的初速度从A端滑上传送带(工件与传送带间的摩擦系数

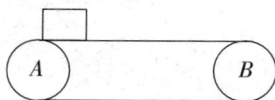

$\mu=0.2$, $g=10m/s^2$)，工件用多长时间从A端运动到B端？

解：向右运动的工件相对于逆时针运行的传送带向右运动，受到向左的滑动摩擦力，做匀减速直线运动，加速度为：$a=\mu g=2m/s^2$

减速到零经过的位移为：$0^2-6^2=2\times(-2)\times s$

解得s=9m

传送带长度为8m，所以工件速度没有减到零就从B端滑下，运动时间应该是根据：

$$x=v_0t+\frac{1}{2}at^2$$

$$8=6t-\frac{1}{2}\times2\times t^2$$

解得$t=2s$

小思考

如果传送带长为10m，其他条件不变，结果会怎样？

我们已经知道，工件减速到零经过的位移为9m，所以如果传送带长为10m，就会出现工件在离A端9m的地方停下，这时工件相对于传送带向右运动，所以会受到向左的滑动摩擦力，开始向左加速，加速度为：$a=\mu g=2m/s^2$

加速到和传送带速度相同通过的位移为：

$v^2-0^2=2\times2\times s$

S=4m

物体向左加速4m后和传送带速度相同，一起以4m/s匀速运动到A端。

可见，在逆行的传送带上物体做减速运动，如果传送带比较短，物体一直减速到从另一端掉下，如果传送带比较长，物体减速到零还没有到达另一端，物体又会被反向加速回来。

请你试一试自己的学习效果吧。

例5. 物块从光滑曲面上的P点自由滑下，通过粗糙的静止水平传送带以后落到地面上的Q点，若传送带的皮带轮沿逆时针方向转动起来，使传送带随之运动，如图所示，再把物体放到P点自由滑下则　　　（　　）

A. 物块将仍落在Q点

B. 物块将会落在Q点的左边

C. 物块将会落在Q点的右边

D. 物块有可能落不到地面上

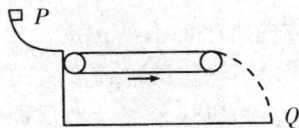

答案　A

4.怎样使传送带的效率最高

例6. 水平传送带顺时针匀速运动,A、B间的距离为9m,在它的A端轻放一个质量为m的物体,物体与传送带间摩擦因数为0.2,如果想用最短的时间让物体到达B端,传送带的速度至少是多少?(g取10m/s²)

解: 通过前面的讨论,我们知道物体在传送带上的运动一般是先加速后匀速,如果做出物体运动的v—t图,如右图中甲所示。试想如果提高传送带的速度,物体加速的过程就会越长,从图中可以看出,从A运动到B的位移是一定的,所以在图像面积相等的条件下,一直加速模式用时最短,根据$x=\frac{1}{2}at^2$

加速度为:$a=\mu g=2$m/s²

$$9=\frac{1}{2}\times2\times t^2$$

得加速时间为$t=3$s

物体加速得到的最大速度也就是传送带的最小速度为:

$v=at=2\times3=6$m/s

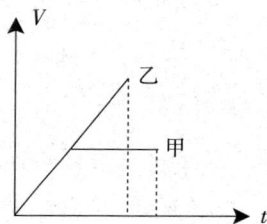

专题三　板块模型

利用牛顿运动定律和运动学公式结合来研究物体间的相互作用和相对运动,是力学中的综合问题,对学生综合能力的要求较高,也是近年来高考常考查的知识点,在不涉及动量守恒的条件下,主要考查学生对运动过程的理解,下面就常见的一个木块在长木板上运动的"板块问题"进行讨论。

1.两物体都静止,施加力的作用

例1. 如图所示,长为$L=6$m、质量$M=4$kg的长木板放置于光滑的水平面上,其左端有一大小可忽略,质量为$m=1$kg的物块,物块与木板间的动摩擦因数$\mu=0.4$,开始时物块与木板都处于静止状态,现对物块施加$F=8$N,方向水平向右的恒定拉力,求:($g=10$m/s²)

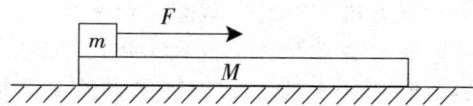

(1)小物块的加速度;

(2)物块从木板左端运动到右端经历的时间。

解析:(1)物块和木板在拉力作用下,是一起运动呢还是相互错位呢?

假设一起运动,由拉力产生的加速度为$a=\dfrac{8}{4+1}$m/s^2=1.6m/s^2

木板是由静摩擦力提供加速度的,最大加速度为$a_m=\dfrac{\mu mg}{M}$=1m/s^2

木板跟不上物块的运动,两者间要相对滑动,物体受到向后的滑动摩擦力,加速度为:

$$a_1=\dfrac{F-\mu mg}{m}=\dfrac{8-4}{1}\text{m/s}^2=4\text{m/s}^2$$

(2)木板受到向前的滑动摩擦力,加速度为:

当物块比木板多运动板长L时,物块从木板右端滑下,设经历的时间为t,

有:$\dfrac{1}{2}a_1t^2-\dfrac{1}{2}a_2t^2=6$

解得t=2s

小思考

如果把力F加到M上呢?

解析:假设一起运动,由拉力产生的加速度为$a=\dfrac{8-4}{1}$m/s^2=1.6m/s^2

这次由静摩擦力提供加速度的是物块,最大加速度为$a_m=\dfrac{\mu mg}{M}$=4m/s^2

物块可以跟上整体的运动,两者具有相同加速度:a=1.6m/s^2

总结提升:这类问题的关键是依靠摩擦力提供加速度的那个物体能否跟上。

2. 有初速的带动无初速的物体

例2. 如图所示,一质量为M,长为L的木板固定在光滑水平面上。一质量为m的小滑块以水平速度v_0从木板的左端开始滑动,滑到木板的右端时速度恰好为零。

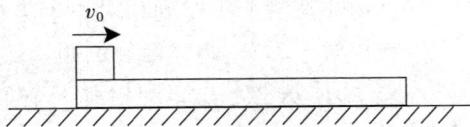

(1)小滑块在木板上的滑动时间;

(2)若木板不固定,其他条件不变,小滑块相对木板静止时距木板左端的距离。

解析:当木板固定在水平面上时,小滑块受到向后的摩擦力,向前做匀

减速运动,根据运动学公式:

$$v^2-v_0{}^2=2as$$
$$0-v_0{}^2=2al$$

解得: $a=-\dfrac{v_0{}^2}{2a}$ $\qquad \mu g=\dfrac{v_0{}^2}{2a}$

若木板不固定,小滑块受到向后的滑动摩擦力,木板受到向前的滑动摩擦力,它们的加速度分别为:

$$a_1=\mu g \qquad\qquad a_2=\mu g\dfrac{\mu mg}{M}$$

小滑块匀减速,长木板匀加速,设经历时间 t 以后,两者的速度相同。

$$v_1=v_0-a_1t \qquad\qquad v_2=a_2t$$

解得时间 $t=\dfrac{Mv_0}{\mu(M+m)g}$

小滑块通过的位移 $x_1=v_0t+\dfrac{1}{2}a_1t^2=\dfrac{Mv_0{}^2(1-2m)}{2\mu g(M+m)^2}$

木板通过的位移 $x_1=\dfrac{1}{2}a_2t^2=\dfrac{mMv_0{}^2}{2\mu g(M+m)^2}$

所以,小滑块相对木板静止时距木板左端的距离为:

$$x_1=v_0t+\dfrac{1}{2}a_1t^2=\dfrac{Mv_0{}^2(1-3m)}{2\mu g(M+m)^2}$$

请你试一试自己的学习效果吧。

例3. 如图所示,质量为 m 的物体(可视为质点)以水平初速度 v_0 滑上原来静止在水平光滑轨道上的质量为 M 的小车上,物体与小车上表面间的动摩擦因数为 μ,小车足够长,求:

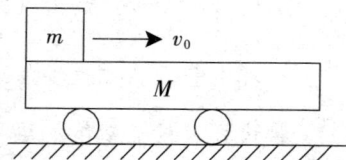

(1)物体从滑上小车到相对小车静止所经历的时间;

(2)相对于小车,物体滑行的距离;

(3) 物体从滑上小车到相对于小车静止的这段时间内小车通过的距离是多大。

总结提升:有初速的带动无初速的,关键点是它们会有"共同速度"。

3. 物板速度方向相反

例4. 如图所示,一质量为 M、长为 L 的长方形木板 B 放在光滑的水平地面上,在其右端放一质量为 m 的小木块 A,$m<M$。现以地面

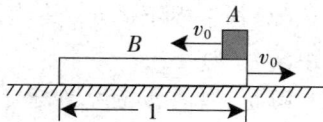

为参照系,给A和B以大小相等、方向相反的初速度,使A开始向左运动、B开始向右运动,最后A没有滑离L板。以地面为参照系。若已知A和B的初速度大小为v_0,求它们最后的速度的大小和方向。

解析: 假设木块与长木板间的滑动摩擦因数为μ

小木块A受到向右的滑动摩擦力做匀减速运动,加速度大小为$a_1=\dfrac{\mu mg}{m}=\mu g$

长木板B受到向左的滑动摩擦力做匀减速运动,加速度大小为$a_2=\dfrac{\mu mg}{M}$

$m<M$,所以小木块的速度先减小为零,所用的时间为$t_1=\dfrac{v_0}{\mu g}$

此时长木板的速度为:

$$v=v_0-at_1=v_0-\dfrac{\mu mg}{M}\times\dfrac{v_0}{\mu g}=\dfrac{(M-m)v_0}{M}$$

小木块在长木板的带动作用下向右加速,长木板做减速运动,最后速度相同。此时,小木块A受到向右的滑动摩擦力做匀加速运动,加速度大小为$a_1=\dfrac{\mu mg}{m}=\mu g$

长木板B受到向左的滑动摩擦力做匀减速运动,加速度大小为$a_2=\dfrac{\mu mg}{M}$

设所用的时间为t_2

小木块的速度为$v_1=a_1t_2=\mu gt_2$

长木板的速度为$v_2=v-a_2t_2=\dfrac{(M-m)v_0}{M}-\dfrac{\mu mg}{M}t_2$

求得时间$t_2=\dfrac{(M-m)v_0}{(M+m)\mu g}$

共同速度为$v_{共}=\dfrac{(M-m)v_0}{(M+m)}$

总结提升: 两物体运动方向相反时,有一个先减速到零,然后呈现出一个带动另一个的情形。

专题四 物理电学实验设计策略

随着新课标对学生能力要求的提高,对实验能力的考查其中实验题已从简单的背诵、记忆转向考查实验的思想、方法和原理,加强了对基本实验方法的迁移和灵活运用能力,从1997年高考题首次出现电学设计性实验题以来,几乎每年均出现了电学设计性实验题。所以掌握电学实验的设计方法显得尤为重要。

在中学电学实验中,主要有用伏安法测电阻,测电源的电动势和内阻,测某一用电器的伏安特性曲线,其中都存在如何选择电学实验仪器,合理地设计电路。如何学会电路设计和顺利进行实验,应从下面几方面考虑。

1. 实验仪器的选择

(1)首先考虑安全因素

如各电表的实际读数不能超过其量程,电阻类元件中的实际电流不能超过其最大允许电流或电压。实际处理过程中,需要估算回路中的最小电流(一般应用假设变阻器采用限流接法时进行估算)。如:用伏安法测量标有"6V,0.6W"字样的小灯泡的I–U图线,则实际加在灯泡的电压的最大值不能超过6V。

(2)读数误差因素

一般要求各电表的实际读数不小于其量程的 $\frac{1}{3}$ (应在量程的 $\frac{1}{3} \sim \frac{2}{3}$ 最好),以减小读数误差。实际处理过程中,需要估算回路中的最大电流或电压(方法同上)。

如上例中,若提供6V和15V两种电压表供选择,显而易见,选择前者,读数误差更小。

(3)对滑动变阻器

除了考虑安全因素外,分压接法中,一般选择电阻值小而额定电流较大的变阻器,限流接法中,变阻器的阻值应与电路中其他电阻的阻值比较接近(两者的比值一般在2倍或1/2倍左右)。

例1. 有一电阻R_x,其阻值大约在40~50Ω之间,需进一步测定其阻值,现有下列器材:

电池组ε(电动势为12V,内阻约0.5Ω)

电压表V(量程0~3~15V,内阻20KΩ)

电流表A_1(0~50mA,内阻20Ω)

电流表A_2(0~300mA,内阻4Ω)

电流表A_3(0~1A,内阻0.1Ω)

滑动变阻器R_1(0~100Ω,额定电流1A)

滑动变阻器R_2(0~1700Ω,额定电流0.3A)

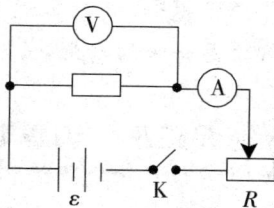
图1

开关K及导线若干,实验电路如图1所示,实验中要求多测几组电流、电压值。在实验中电流表应选_____,电压表的量程应选_____,滑动变阻器应选_____。

解析:电源电动势为12V,加在被测电阻两端电压可达12V,故电压表量程应选取0~15V。

估算被测电阻可达到最大电流值,假设选电流表A_1,$I_m=\dfrac{\varepsilon}{R_x+R_{A1}}\approx0.20A$,超过了$A_1$的量程,假设选电流表$A_2$,则$I_m'=\dfrac{\varepsilon}{R_x+R_{A2}}\approx0.27A$,未超过$A_2$的量程,又从电流表读数精确度来考虑,应选电流表$A_2$。

对滑动变阻器的选择,因为滑动变阻器R_1和R_2的额定电流都大于0.27A,从节电、方便,满足测多组电流、电压值的要求,选用阻值较小的变阻器R_1。

2. 测量电路的选择

电压表和电流表连入电路有两种方法:一种是外接法(电流表外接电路);另一种是内接法(电流表内接电路)。不管采用哪种接法,由于电表内阻的影响,计算值都有误差,为了减少误差,常用如下方法选择电路。

(1)基本电路

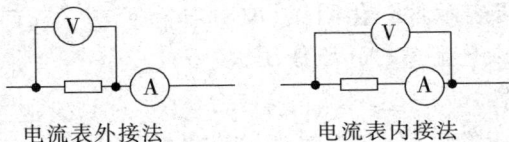

电流表外接法　　　　　　　电流表内接法

(2)电路的对比

连接方式	误差来源	测量值与真实值关系	适用范围
外接法	电压表分流	电流表的读数大于流过待测的电流,故:$R_{测}<R_{真}$	测小电阻
内接法	电流表分压	电压表读数大于待测电阻两端的电压,故:$R_{测}<R_{真}$	测大电阻

(3)判断方法

①直接比较法:当待测电阻R_x较小且远小于电压表内阻R_v时,应选用外接法;当待测电阻R_x较大且远大于电流表内阻R_A时,应选用内接法。

如例1中,待测电阻R_x,其阻值大约在40~50Ω,最后选定的电表为:电压表V(量程0~3~15V,内阻20KΩ),电流表A_2(0~300mA,内阻4Ω)

电压表内阻除以待测电阻阻值 $\dfrac{R_V}{R_x}=\dfrac{20000}{50}=400$ 倍

待测电阻阻值除以电流表内阻 $\dfrac{R_x}{R_V}=\dfrac{50}{4}=12.5$ 倍

很明显,待测电阻Rx较小且远小于电压表内阻R_v,应选用外接法。

②临界值法:当待测电阻$R_x<\sqrt{R_AR_V}$时,视R_x为小电阻,应选用外接法;当$R_x>\sqrt{R_AR_V}$时,视R_x为大电阻,应选用内接法;当$R_x=\sqrt{R_AR_V}$时,两种接法均可。

③试触法:当R_x、R_A、R_V均不知的情况下,可用试触法选择电路,看电流表、电压表变化大小来确定。

具体方法:如图2,接电路时把电压表的一端接入电路中,另一端连接导线预留,如图所示,闭合电路,移动电压表的这个预留端,先后与A、B两点接触,使电流表进行内、外接改变,同时观察两表示数变化情况,若电流表示数变化明显,说明外接时(即接在A点)电压表分流作用大,应采用内接法测量,若电压表示数变化明显,说明内接时(即接在B点)电流表的分压作用大,应采用外接法测量。

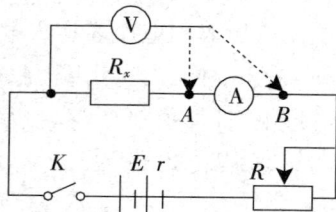

图 2

例2. 有一个未知电阻,为了较准确地测出其电阻值,采用上述的方法,当电压表的预留端接在A点时,两电表的读数分别为4.8V、5.0mA,接在B点时,两电表的读数分别为5.0V、4.0mA,则被测电阻的测量值较准确的数值等于多少?

解析:由题意可知,电流表示数变化明显,说明外接时电压表分流作用大,即被测电阻的阻值可以与电压表相比较,说明被测电阻为大电阻,内接法误差小,则被测电阻的测量值较准确的数值应用第二组数据来计算,即$R=$1250。

3. 供电电路的选择

供电电路一般由电源和滑动变阻器按一定的连接方式组成,滑动变阻器在供电电路中有两种连接方式:如图3为限流式;如图4为分压式,限流式可省一个耗电支路,具有节省电能、电路连接简单的优点,分压电路具有较大的电压可调范围。

(1)基本电路

走进物理

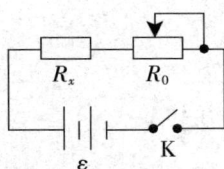 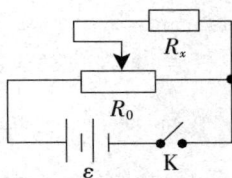

图3　　　　　　　　图4

(2)电路的对比

调节范围	限流式电路	分压式电路
电压调节范围	$\dfrac{R_x U}{R_x+R}\to U$	$O\to U$
电流调节范围	$\dfrac{U}{R_x+R}\to\dfrac{U}{R_x}$	$O\to\dfrac{U}{R_x}$

　　说明：U为电源端电压，R为滑动变阻器最大电阻，Rx为待测电阻阻值。

　　选择原则：应优先用限流式接法，因为限流式接法总功率较小，但是在一些特殊条件下，只能采用分压式。

　　(3)判断方法

　　①负载电阻R_x远大于滑动变阻器总电阻R，须用分压式接法，此时若采用限流式接法对电路基本起不到调节作用。

　　②要求负载上电压或电流变化范围大，且从零开始连续可调，须用分压式接法。

　　③采用限流电路时，电路中的最小电流(电压)仍超过电流表的量程或超过用电器的额定电流(电压)时，应采用变阻器的分压式接法。

　　例3. 有一电阻R_x(阻值约5Ω，额定功率1w)，需测定其阻值，现有下列器材：

　　电池组ε(电动势为6V，内阻约0.5Ω)

　　电压表V_1(量程0~3V，内阻3KΩ)

　　电压表V_2(量程0~15V，内阻15KΩ)

　　电流表A_1(0~0.6A，内阻0.2Ω)

　　电流表A_2(0~3A，内阻0.05Ω)

　　滑动变阻器R_1(0~10Ω，额定电流1A)

　　滑动变阻器R_2(0~1700Ω，额定电流1A)

　　开关K及导线若干，实验中要求多测几组电流、电压值。

　　(1)在实验中电压表、电流表应选_____，滑动变阻器应选_____。

(2)画出实验电路图。

解析：(1)电压表、电流表的选择

$$U_M=\sqrt{PR_x}\approx2.2V \qquad\qquad I_M=\sqrt{\frac{P}{R_x}}\approx0.45A$$

电流表、电压表的量程应大于且接近被测电阻的额定值，所以电流表选A_1，电压表选V_1。

①测量电路确定：临界电阻的阻值$R=\sqrt{R_AR_V}=24.5\Omega$，因为$RX<R$，采用电流表外接法。

②供电电路确定

先考虑限流接法，假设用滑动变阻器R_2，此时电流变化范围的最大值约0.45A，据此估算变阻器所需电阻值范围约9~60Ω，而变阻器总阻值为1700Ω，变阻器的有效调节长度太小，滑动头稍在移动，电流变化很大，不方便调节和测量多组数据。选用滑动变阻器R_1，若用限流接法，则电流变化约0.4~0.45A，没有满足测量多组数据，故采用分压式接法。

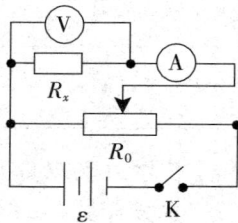
图 5

(2)电路图如图5所示

4. 伏安法的推广

对一些特殊电阻，如电流表或电压表内阻的测量，电路设计也有其特殊性：一是要注意到其自身量程对电路的影响，二是要充分利用其"自报电流或自报电压"的功能。

例4. 某电压表的内阻在20~50kΩ，现要测量其内阻，实验室提供下列可供选用的器材：待测电压表V(量程3V)、电流表A_1(量程200uA)、电流表A_2(量程5mA)、电流表A_3(量程0.6A)、滑动变阻器R(最大值1kΩ)、电源E(电动势4V)、开关S。

(1)所提供的电流表中，应选用_____。

(2)为了减少误差，要求测量多组数据，试画出符合要求的电路图。

解析：因为通过电压表的电流必须由电流表测定，所以电流表与电压表应串联，这实际上就是一种特殊的伏安法，电压表成了一个"可自报电压的大电阻"，由于电压表内阻在20~50kΩ，电流表内阻与电压表内阻相比可忽略不计，而滑动变阻器R的阻值远小于电压表内阻，且实验要求测多组数据，因此实验电路中变阻器应接成分压式，这样电压表的电流在80uA~200uA，故电

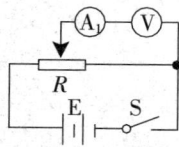

走进物理

流表应选**A₁**。根据电流表、电压表示数,可求得电压表内阻**R_v**。

电路图如图所示。

5. 电路实物图的连接的基本方法

(1)依据题意条件,参照实物位置,画出电路图,并在电路图上标明电源的正、负极,电流表和电压表的正负极及量程,电键需接在干路上。

(2)从电源正极出发,选择一条包含元件最多的通路,依据"先串后并"的原则依次连接各个器件,一直到电源的负极,最后再将其余的元件和电压表并联在电路的某两点之间。

要点:为防止电表的正负接线柱接错或分压接法中回线错误,始终根据"电流的流向即为连线的方向"。

(3)对照电路图检查。

①连接导线是否在接线柱上,且导线不能相互交叉,不能横跨实物。

②电表的量程、正负极连接是否正确。

③滑动变阻器的滑动触头是否在正确的位置。

例5. 在"测定金属丝的电阻率"的实验中若估测金属丝的电阻R_x约为3Ω,为减小误差,并尽可能测量多组数据,要求电阻丝的发热功率$P<0.75W$,备有器材如下:

A. 6V直流电源;

B. 直流电流表A₁(0~0.6A,内阻);

C. 直流电流表A₂(0~3A,内阻);

D. 直流电压表V₁(0~3V,);

E. 直流电压表V₂(0~15V,);

F. 滑动变阻器R_1(0~100Ω,最大允许电流1A);

G. 滑动变阻器R_2(0~20Ω,最大允许电流1A);

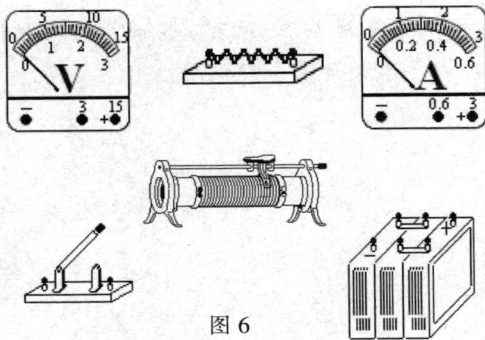

图6

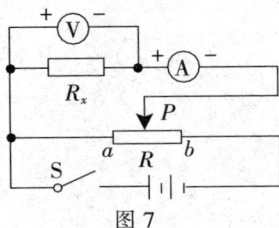

图7

H. 电键、导线若干。

问:(1)上述器材选用＿＿＿＿＿＿(用字母表示)。

(2)画出实验电路图。

(3)在图6中连接实物。

解析:(1)电表的选择

$\because P < 0.75W$,$I_M = \sqrt{\dfrac{P}{R_x}} < \sqrt{\dfrac{0.75}{3}} = 0.5A$

$\therefore$ 电流表选用 B(0~0.6A,内阻);

$\because U_M = \sqrt{P \times R_x} < \sqrt{0.75 \times 3} = 1.5A$

$\therefore$ 电压表选用 D(0~3V,内阻)

(2)测量电路确定:

$\because R_V > R_x$,

$\therefore$ 采用电流表外接法。

(3)供电电路确定

若采用限流接法,提供的两个变阻器都不便于调节,而题目中要求减小实验误差,故采用变阻器分压接法,同时变阻器选择G(0~20Ω,1A)。故器材选用:ABDGH。

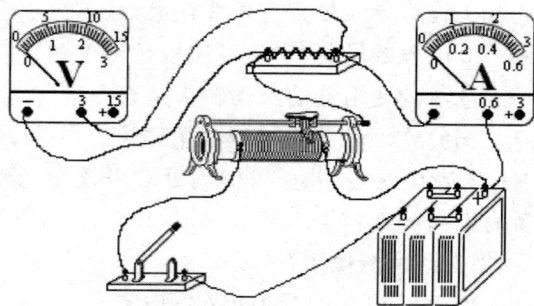

图8

电路图如图7所示。实物连接图如图8所示。

说明:

学生在实物连接时,特别是分压法的实物连接很容易出错,技巧在于始终根据电流的流向作为连线的走向。

综合上述,掌握考纲中所要求测电阻的方法、原理,熟练掌握以上仪器和电路选择原则,就可以根据题目的要求设计出合理电路。

第三章 物理与生活

第一节 物理与体育

体育运动与我们的日常生活紧密联系，因为包含着大量的力学与运动学知识，所以了解其中的物理知识更为重要，特别在一些竞技体育中，高科技的物理知识应用会决定运动员的成绩，比如游泳，平时我们穿着自己各式各样的泳衣尽情地运动，但在激烈的短距离游泳比赛中，选手们的成绩相差不多，一件更符合力学知识的泳衣直接就能决定比赛结果呢，所以各国都在研究怎样让泳衣与水流有更小的摩擦，悉尼奥运会上澳大利亚选手伊恩·索普的泳衣在接缝处模仿人类的肌腱，为运动员向后划水时提供动力，在布料上模仿人类的皮肤，富有弹性，帮助索普夺得了3枚金牌。所以了解物理与体育的知识显得特别重要。

一、蹦极运动

瓦努阿图群岛的一个部落中，一位土著妇女为逃避丈夫的虐待，爬上了高高的可可树，用一种当地具有弹性的蔓藤牢牢绑住脚踝，她威胁其丈夫要从树上跳下来，没想到笨丈夫随后也爬上了树，跟着跳了下去，结果自然是柔嫩的蔓藤救了女人的命，暴虐的丈夫却命丧黄泉。此后，将蔓藤绑住脚踝从高处跳下成了当地一种独特的风俗习惯。他们依山建起一座座由树桩和蔓藤捆扎而成20~30米的高塔，年轻的男子从上面俯冲而下，象征他们步入成熟，向他们信奉的图腾，祈愿部落的平安和丰收。

例1. (2011新课标理综第16题)一蹦极运动员身系弹性蹦极绳从水面上方的高台下落，到最低点时距水面还有数米距离。假定空气阻力可忽略，运动员可视为质点，下列说法正确的是 （ ）

A. 运动员到达最低点前重力势能始终减小

B. 蹦极绳张紧后的下落过程中,弹性力做负功,弹性势能增加

C. 蹦极过程中,运动员、地球和蹦极绳所组成的系统机械能守恒

D. 蹦极过程中,重力势能的改变与重力势能零点的选取有关

解析:运动员到达最低点过程中,重力做正功,所以重力势能始终减少,A项正确。蹦极绳张紧后的下落过程中,弹性力做负功,弹性势能增加,B项正确。蹦极过程中,运动员、地球和蹦极绳所组成的系统,只有重力和弹性力做功,所以机械能守恒,C项正确。重力势能的改变与重力势能零点选取无关,D项错误。

二、跳水运动

跳水运动的历史非常久远。人类在掌握了游泳技能之后,就开始有了简单的跳水活动。早在公元前5世纪,古希腊花瓶上就有描绘一群可爱的小男孩正头朝下作跳水状的图案。我国在宋代出现了名为"水秋千"的简单跳水器械。

现代竞技跳水始于20世纪初。1900年,瑞典运动员在第2届奥运会上作了精彩的跳水表演,一般公认这是最早的现代竞技跳水。

例2. 一跳水运动员从离水面10m高的平台上跃起,举双臂直体离开台面,此时其重心位于从手到脚全长的中点,跃起后重心升高0.45m达到最高点,落水时身体竖直,手先入水(在此过程中运动员水平方向的运动忽略不计),从离开跳台到手触水面,他可以用于完成空中动作的时间是_____s(计算时可以把运动员看作全部质量集中在重心的一个点,取$g=10\text{m/s}^2$,结果保留两位有效数字)。

解析:运动员的跳水过程是一个很复杂的过程,主要是竖直方向的上下运动,但也有水平方向的运动,更有运动员做的各种动作。构建运动模型,应抓住主要因素。现在要讨论的是运动员在空中的运动时间,这个时间从根本上讲与运动员所做的动作以及水平运动无关,应由竖直分运动决定,因此忽略运动员的动作,把运动员当成一个质点,同时忽略他的水平运动,当然,这两点题目都作了说明,所以一定程度上,"建模"的要求已经有所降低,但我们应该理解这样处理的原因。这样,我们把问题提炼成了质点作竖直上抛运动的物理模型。

在定性地把握住物理模型之后,应把这个模型细化,使之更清晰,运动员作竖直上抛运动,上升高度h=0.45m;从最高点下降到手触到水面,下降的高度为H=10.45m。下面分段处理该运动。

运动员跃起上升的时间为

$$t_1=\sqrt{\frac{2h}{g}}=\sqrt{\frac{2\times0.45}{10}}\text{ s}=0.3\text{s}$$

从最高点下落至手触水面,所需时间为

$$t_2=\sqrt{\frac{2h}{g}}=\sqrt{\frac{2\times10.45}{10}}\text{ s}\approx1.4\text{s}$$

所以运动员在空中用于完成动作的时间约为$t=t_1+t_2=1.7$s

三、跳高运动

跳高起源于古代人类在生活和劳动中越过垂直障碍的活动。现代跳高始于欧洲,18世纪末苏格兰已有跳高比赛,19世纪60年代开始流行于欧美国家。

例3. (2005年高考理综物理试题) 原地跳起时,先屈腿下蹲,然后突然蹬地,从开始蹬地到离地是加速过程(视为匀加速),加速过程中重心上升的距离称为"加速距离",离地后重心继续上升,在此过程中重心上升的最大距离称为"竖直高度",现有下列数据:人原地上跳的"加速距离"$d_1=0.50$m,"竖直高度"$h_1=1.0$m;跳蚤原地上跳的 "加速距离"$d_2=0.00080$m,"竖直高度",$h_2=0.10$m。假想人具有与跳蚤相等的起跳加速度,而"加速距离"仍为0.50m。则人上跳的"竖直高度"是多少?

解析:设跳蚤起跳的加速度为a,离地时的速度为v,则对加速过程和离地后上升过程分别有

$v^2=2ad_2,v^2=2gh_2$

若假想人具有和跳蚤相同的加速度a,在这种假想下人离地时的速度为V,与此相应的竖直高度为H,则对加速过程和离地后上升过程分别有

$v^2=2ad_1,v^2=2gh$

由以上各式可得$H=\dfrac{d_1h_2}{d_2}$

代入数值,得 $H=62.5$m。

四、蹦床运动

蹦床的起源和杂技有关。法国杂技演员是最早使用现代蹦床的人,特朗波兰是现代弹性蹦床的创始者,他用麻绳编制成保护网,以加强"空中秋千飞人"的安全,并利用网的弹性将演员抛入空中,完成各种动作。

早在19世纪中叶北美的科曼契印第安人就使用过与今日比赛类似的蹦

床,马戏团的杂技演员使用类似的蹦床至少也有200年的历史。20世纪30年代,美国跳水冠军尼森制作出类似于当今的那种蹦床,用来帮助自己的跳水与翻转训练。第二次世界大战期间,美国利用蹦床训练飞行员和领航员的定位技能,取得良好效果,以后逐渐成为一项运动,在美国的中学、大学广泛开展。

例4. 蹦床是运动员在一张绷紧的弹性网上蹦跳、翻滚并做各种空中动作的运动项目。一个质量为60kg的运动员,从离水平网面3.2m高处自由落下,着网后沿竖直方向蹦回到离水平网面5.0m高处。已知运动员与网接触的时间为1.2s。若把在这段时间内网对运动员的作用力当做恒力处理,求此力的大小。(g=10m/s²)

解析: 将运动员看成质量为m的质点,从高h_1处下落,刚接触网时的速度的大小

$$v_1=\sqrt{2gh_1}\ (向下) \qquad\qquad ①$$

弹跳后到达的高度为h_2,刚离网时的速度的大小

$$v_2=\sqrt{2gh_2}\ (向下) \qquad\qquad ②$$

接触过程中运动员受到向下的重力mg和网向上的弹力F。选取竖直向上为正方向,由动量定理,得$(F-mg)t=mv_2-(-mv_1)$ ③

以上三式解得

$$F=mg+m\frac{\sqrt{2gh_2}+\sqrt{2gh_1}}{t}$$

代入数值得 $F=1.5\times10^3$N

五、排球运动

排球运动源于美国。1895年,美国马萨诸塞州(旧称麻省)霍利约克市,一位叫威廉斯·盖·摩尔根的体育工作人员发明的。当时,网球、篮球很盛行。摩根先生认为篮球运动太激烈,而网球运动量又太小,他想寻求一种运动量适中,又富于趣味性,男女老少都能参加的室内娱乐性项目,就想把当时已广为流行的网球搬到室内,在篮球场上用手来打。这种游戏开始时,他将网球网挂在篮球场上,用篮球隔网像打网球一样打来打去进行游戏。但室内篮球场面积较小,网球容易出界,于是他作了某些改进:一是把网球允许球落地后再回击的规则改为不许落地;二是把网球的体积扩大;三是篮球太大、太重,不能按预想的方式进行游戏,便改试用篮球胆。而篮球胆又太轻,在空中飘忽不定。玩起来不方便,难于控制。于是,该市的"司堡尔丁体育用品公

司"试做出了圆周为25~27寸(约255~346克)规格的球。排球传入中国的时间,一说是1905,一说是1913年。Volleyball在我国最早译为"队球"(也叫华利波),后改"排球"。将"华利波"改称"排球"是在1925年3月举行的广东省第九届运动会上,主要取其分排站立之意。在1964年东京举行的第十八届奥运会上,首次进行了排球比赛。

例5. 某排球运动员站在离网3m线上,正对网前跳起将球水平击出(不计空气阻力),击球点的高度为2.5m,如图所示。已知排球场总长为18m,网高度为2m。试问击球的速度在什么范围内才能使球既不触网也不越界?

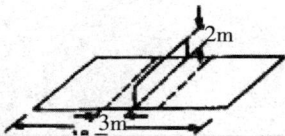

解析: 球被击后的运动可以看做平抛运动。当球刚好触网而过时,$x_1=3$m

飞行时间 $t_1=\sqrt{\dfrac{2(h_2-h_1)}{g}}=\dfrac{1}{\sqrt{10}}$s

最小速度 $v_1=\dfrac{x_1}{t_1}=3\sqrt{10}$m/s

当球刚好打在边界线上时,$x_2=12$m,

飞行时间 $t_2=\sqrt{\dfrac{2h_2}{g}}=\dfrac{\sqrt{2}}{2}$s

最大速度 $v_2=\dfrac{x_2}{t_2}=12\sqrt{2}$m/s

v_0应满足:$3\sqrt{10}$m/s$\leq v_0\leq 12\sqrt{2}$m/s

六、接力赛

接力赛跑源于非洲,非洲土著伐木人是接力跑的发明者。那时,他们用速度比赛的接力方式,飞快地将丛林中的木材源源运出山地。由此可见,最初的接力跑,运动员就是伐木人,木材就是接力棒,丛林就是运动场。此后,接力跑逐步演变为竞技场上的一个竞赛项目。

例6. (07全国理综Ⅰ)(15分) 甲乙两运动员在训练交接棒的过程中发现:甲经短距离加速后能保持9 m/s的速度跑完全程;乙从起跑后到接棒前的运动是匀加速的,为了确定乙起跑的时机,需在接力区前适当的位置设置标记,在某次练习中,甲在接力区前$S_0=13.5$ m处作了标记,并以$V=9$ m/s的速度跑到此标记时向乙发出起跑口令,乙在接力区的前端听到口令时起跑,并恰好在速度达到与甲相同时被甲追上,完成交接棒,已知接力区的长度为$L=20$ m。

　　求:(1)此次练习中乙在接棒前的加速度a。

　　　　(2)在完成交接棒时乙离接力区末端的距离。

解:(1)在甲发出口令后,甲乙达到共同速度所用时间为:$t=\dfrac{v}{a}$

设在这段时间内甲、乙的位移分别为x_1和x_2,$x_1=x_2+S_0$

则:$x_1=vt$,$x_2=\dfrac{1}{2}at^2$

联立以上四式得:$9t=(9t/2)+13.5$

解得: $t=3$s　　　$a=3$m/s^2

(2)在这段时间内,乙在接力区的位移为:$x_2=\dfrac{v^2}{2a}=13.5$m

完成交接棒时,乙与接力区末端的距离为:$L-S_2=20-13.5$m$=6.5$m

练习

1. "蹦极"就是跳跃者把一端固定的长弹性绳绑在踝关节等处, 从几十米高处跳下的一种极限运动。某人做蹦极运动,所受绳子拉力F的大小随时间t变化的情况如图所示。将蹦极过程近似为在竖直方向的运动,重力加速度为g。据图可知,此人在蹦极过程中的最大加速度约为　　　　　　　　　　(　　)

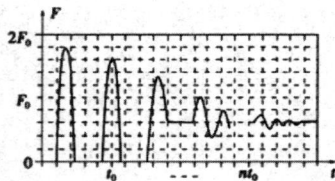

　　A. g　　　　　　B. 2g　　　　　　C. 3g　　　　　　D. 4g

　　答案:B

2. 在滑冰场上,甲、乙两小孩分别坐在滑冰板上,原来静止不动,在相互猛推一下后分别向相反方向运动。假定两板与冰面间的摩擦因数相同。已知甲在冰上滑行的距离比乙远,这是由于　　　　　　　　　　(　　)

　　A. 在推的过程中,甲推乙的力小于乙推甲的力

　　B. 在推的过程中,甲推乙的时间小于乙推甲的时间

　　C. 在刚分开时,甲的初速度大于乙的初速度

　　D. 在分开后,甲的加速度小于乙的加速度

　　答案:C

3. (2009 宁夏卷第24题)冰壶比赛是在水平冰面上进行的体育项目,比

赛场地示意如图。比赛时,运动员从起滑架处推着冰壶出发,在投掷线AB处放手让冰壶以一定的速度滑出,使冰壶的停止位置尽量靠近圆心O,为使冰壶滑行得更远,运动员可以用毛刷擦冰壶运行前方的冰面,使冰壶与冰面间的动摩擦因数减小。设冰壶与冰面间的动摩擦因数为$\mu_1=0.008$,用毛刷擦冰面后动摩擦因数减少至$\mu_2=0.004$。在某次比赛中,运动员使冰壶C在投掷线中点处以2m/s的速度沿虚线滑出。为使冰壶C能够沿虚线恰好到达圆心O点,运动员用毛刷擦冰面的长度应为多少?(g取10m/s²)

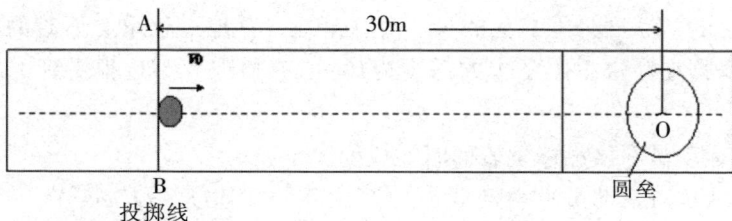

A   30m

B
投掷线   O
圆垒

答:(1)运动员用毛刷擦冰面的长度应大于10m;

(2)冰壶运动最短时间为$(50-10\sqrt{5})$s。

4. (2010新课标全国卷第24题)短跑名将博尔特在北京奥运会上创造了100m和200m短跑项目的新世界纪录,他的成绩分别是9.69s和19.30s。假定他在100m比赛时从发令到起跑的反应时间是0.15s,起跑后做匀加速运动,达到最大速率后做匀速运动,200m比赛时,反应时间及起跑后加速阶段的加速度和加速时间与100m比赛时相同,但由于弯道和体力等因素的影响,以后的平均速率只有跑100m时最大速率的96%。求:(1)加速所用时间和达到的最大速率。(2)起跑后做匀加速运动的加速度。(结果保留两位小数)

答:(1)加速所用时间是1.29s,达到的最大速率是11.24m/s。

(2)起跑后做匀加速运动的加速度是8.71m/s²。

5. 滑雪者从A点由静止沿斜面滑下,经一平台水平飞离B点,地面上紧靠着平台有一个水平台阶,空间几何尺度如图所示、斜面、平台与滑雪板之间的动摩擦因数为μ,假设滑雪者由斜面底端进入平台后立即沿水平方向运动,且速度大小不变。求:

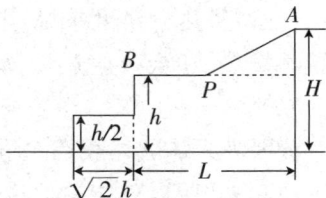

(1)滑雪者离开B点时的速度大小;

(2)滑雪者从B点开始做平抛运动的水平距离s。

答：(1)滑雪者离开B点时的速度大小为 $\sqrt{2g(H-h-\mu L)}$ 。

(2) 当 $H-\mu L < 2h$ 时，滑雪者从B点开始做平抛运动的水平距离s为
$\sqrt{2h(H-h-\mu L)}$ 。

当 $H-\mu L > 2h$ 时，滑雪者从B点开始做平抛运动的水平距离s为 $2\sqrt{h(H-h-\mu L)}$ 。

6. 跳高运动员从地面起跳后上升到一定的高度，跃过横杆后落下，为了避免对运动员的伤害，在运动员落下的地方设置一片沙坑。某运动员质量为60.0kg，身高为1.84m，运动员从距地面高度为1.90m的横杆上落下，设运动员开始下落的初速度为零，他的身体直立落地，落地过程重心下落的高度为1.25m，双脚在沙坑里陷下去的深度为10cm，忽略他下落过程受到的空气阻力。求：

(1)运动员在接触沙坑表面时的速度大小；

(2)沙坑对运动员平均阻力的大小。（重力加速度g取10m/s²）

答：(1)运动员在接触沙坑表面时的速度大小为5.0m/s；

(2)沙坑对运动员平均阻力的大小为8.1×10³N。

第二节　物理与家电

随着生活条件的改善，我们在生活中使用着大量的家用电器，但你对各种电器的物理学原理了解吗？

一、电风扇

在炎热的夏季，我们经常一边吹着电风扇，一边做作业，但是你思考过以下问题吗？

(1)从热学角度来说，电风扇自己不会制冷，相反在工作时由于电机的线圈发热，还会产生热量，应该室内温度会升高，人们为什么会利用电风扇纳凉呢？

因为人体的体表有大量的汗液，当电风扇工作起来以后，室内的空气会流动起来，所以就能够促进汗液的急速蒸发，结合"蒸发需要吸收大量的热量"，故人们会感觉到凉爽。

(2)电风扇用久以后，扇叶上为什么会积累大量的灰尘？

按照常理来想，扇叶运动起来会把灰尘吹跑的，原因是扇叶在转动时跟

空气摩擦,产生了大量的静电,静电具有吸附尘埃的性质。

二、电饭锅

电饭锅(煲)是日常人们煮米饭或煮粥的主要工具,它的工作原理是通过内部的加热管发热,利用热传导作用使内胆变热,主要部件有发热盘、限温器、保温开关等。

(1)发热器:这是一个内嵌电发热管的铝合金圆盘,内锅就放在发热盘上,取下内锅即可看到,这是电饭煲的主要发热元件。

(2)限温器:又叫磁钢,内部装有一个永久磁环,上有弹簧,可以按动,位置在发热盘的中央。煮饭时,靠永久磁环的吸力吸住内锅的锅底。当煮米饭时,锅底的温度不断升高,永久磁环的吸力随温度的升高而减弱,当内锅里的水被蒸发掉,锅底的温度达到103℃±2℃时,磁环的吸力小于其上的弹簧弹力,限温器被弹簧拉下,压动杠杆开关,切断电源与发热管之间的一条通路。

(3)保温开关:它由一个储能弹簧片、一对常闭触点(该触点一端接电源另一端接发热管)、一对常开触点 (该触点一端接电源另一端接保温指示灯)、一个双金属片组成。煮饭时,锅内温度升高,由于构成双金属片的两片金属的受热伸缩程度不同,结果使双金属片向上弯曲。当温度达到80℃以上时,向上弯曲的双金属片可以推开保温开关的常开触点,从而切断发热管与电源的一条通路;当锅内温度下降到80℃以下时,双金属片逐渐冷却,弯曲度减少,逐渐回到原位置,常闭触点在弹性作用下闭合,使发热管通电发热,实现电饭煲的保温功能。

★★★ 学以致用小练习

例1. 电饭锅工作时有两种状态:一种是锅内水烧干前的加热状态,另一种是锅内水烧干后的保温状态。如图所示是电饭锅电路的示意图,S是用感温材料制造的开关,R_1是电阻,R_2是供加热用的电阻丝。

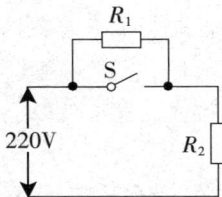

(1)试判断开关S接通时和断开时,电饭锅分别处于哪种工作状态,说明你的理由。

(2)如果要使R_2在保温状态时的功率是加热状态时的一半,R_1/R_2应是多大?

解析:(1)开关S断开时,电路中电阻R_1、R_2串联,总电阻大,在电压为定值的情况下,功率小,应为保温状态,接通后把R_1短路,加热电阻R_2在电路上,功率大,为加热状态。

(2)由题意列方程:$(\dfrac{U}{R_1+R_2})^2R_2=\dfrac{1}{2}\dfrac{U^2}{R_2}$,解得:$\dfrac{R_1}{R_2}=0.414$

三、微波炉

1946年,斯潘瑟还是美国雷声公司的研究员。一个偶然的机会,他发现微波溶化了糖果。事实证明,微波辐射能引起食物内部的分子振动,从而产生热量。

微波是一种电磁波。这种电磁波的能量不仅比通常的无线电波大得多,而且还很有"个性",微波一碰到金属就发生反射,金属根本没有办法吸收或传导它,微波可以穿过玻璃、陶瓷、塑料等绝缘材料,但不会消耗能量,而含有水分的食物,微波不但不能透过,其能量反而会被吸收。

微波炉正是利用微波的这些特性制作的。微波炉的外壳用不锈钢等金属材料制成,可以阻挡微波从炉内逃出,以免影响人们的身体健康。装食物的容器则用绝缘材料制成。微波炉的心脏是磁控管。这个叫磁控管的电子管是个微波发生器,它能产生每秒钟振动频率为24.5亿次的微波。这种肉眼看不见的微波,能穿透食物达5厘米深,并使食物中的水分子也随之运动,剧烈的运动产生了大量的热能,于是食物"煮"熟了。这就是微波炉加热的原理。用普通炉灶煮食物时,热量总是从食物外部逐渐进入食物内部的。而用微波炉烹饪,热量则是直接深入食物内部,所以烹饪速度比其他炉灶快4~10倍,热效率高达80%以上。目前,其他各种炉灶的热效率无法与它相比。

★★★ 学以致用小练习

例2. 家用微波炉是利用微波的电磁能加热食物的新型炉具,主要是由磁控管、波导管、微波加热器、炉门、冷却系统、控制系统、外壳等组成。其工作原理是:接通电源后,220V交流电经变压器变压后,一方面在次级产生

走进物理

3.4V 的交流电对磁控管加热，另一方面在次级产生2000V 的高压电，经整流后加到磁控管的阴阳两极之间，使磁控管产生频率为 2450MHz的微波，微波被输送至金属制成的加热器(炉腔)，并被来回反射，微波的电磁作用使食物内的极性分子高频振动，因而食物内外同时迅速变热，并能最大限度地保存食物中的维生素。

(1)导体能反射微波，绝缘体可被微波透射，而食物通常较易吸收微波并将其转换成热能，故在使用微波炉时应　　　　　　　　　　　　　　　( )

A. 用金属容器盛放食物放入炉内加热

B. 用陶瓷容器盛放食物放入炉内加热

C. 将微波炉置于磁性材料附近

D. 将微波炉远离磁性材料

(2)变压器的高压变压比为　　　　　　　　　　　　　　　　　( )

A. 11:100　　　　　B. 1:10　　　　　C. 1:100　　　　　D. 1:50

(3)微波产生的微观机理是　　　　　　　　　　　　　　　　( )

A. 振荡电路中自由电子的周期性运动而产生的

B. 原子的外层电子受到激发而产生的

C. 原子的内层电子受到激发而产生的

D. 原子核受到激发而产生的

解析:(1)因为陶瓷是绝缘体，微波炉置于磁性材料周围，受到磁场的干扰，不能正常工作，所以选BD正确。

(2)由于初级线圈的电压是220v，次级线圈的电压是2000v，变压器的变压比为220v:2000v=11:100 所以A正确。

(3)微波是电磁波，是由振荡电路产生的。

四、电磁炉

电磁炉和我们平时使用的电炉子一样吗？

事实上两个的工作原理完全不同，电炉子是利用电炉丝发热，进一步通过热传导到锅(包括砂锅都可以)来加热食物的，电磁炉打破了传统的明火烹调方式，采用磁场感应电流(又称为涡流)的加热原理，电流电压经过整流器转换为直流电，又经高频电力转换装置使直流电变为超过音频的高频交流电，将高频交流电加在扁平空心螺旋状的感应加热线圈上，由此产生高频交变磁场。其磁力线穿透灶台的陶瓷台板而作用于金属锅，在烹饪锅体内因电磁感应就有强大的涡流产生。涡流使锅具铁分子高速无规则运动，分子互相碰撞、摩擦而产生热能使器具本身自行高速发热,用来加热和烹饪食物,从而达到煮食的目的。电磁炉煮食的热源来自于锅具底部而不是电磁炉本身发热传导给锅具,所以热效率要比所有炊具的效率均高出近1倍。

也就是说,电炉子是炉子发热,传导给锅,再传导给食物;电磁炉是锅发热,再传导给食物;微波炉是食物发热,所以三者中微波炉的效率最高。

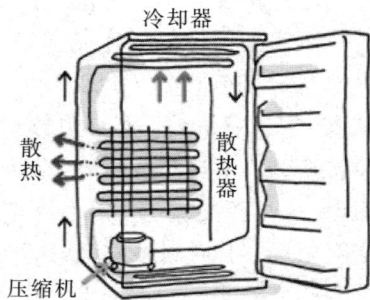
学以致用小练习

例3. 电磁炉采用感应电流(涡流)的加热原理,是通过电子线路产生交变磁场,把铁锅放在炉面上时,在铁锅底部产生交变的电流。它具有升温快、效率高、体积小、安全性好等优点。下列关于电磁炉的说法中正确的是

(　　)

A. 电磁炉面板可采用陶瓷材料,发热部分为铁锅底部
B. 电磁炉面板可采用金属材料,通过面板发热加热锅内食品
C. 电磁炉可以用陶瓷器皿作为锅具对食品加热
D. 可以通过改变电子线路的频率来改变电磁炉的功率

解析:电磁炉是利用感应电流使锅体发热而工作的;由法拉第电磁感应定律可知,感应电动势与磁通量的变化率成正比,与磁场变化的频率有关;锅体只能使用铁磁性材料.电磁炉的上表面如果用金属材料制成,使用电磁炉时,上表面材料发生电磁感应要损失电能,电磁炉上表面要用绝缘材料制作,发热部分为铁锅底部,故A正确;BC错误;锅体中涡流的强弱与磁场变化的频率有关,故D正确;所以答案为AD。

五、电冰箱

电冰箱是能够自己制冷的家用电器,主要通过压缩机、冷却器和散热器进行循环制冷。

冰箱所用的制冷物质要容易液化和汽化,并且在汽化时能大量吸收热,这种物质叫"氟利昂",它不像水那样在100℃时沸腾, 而是在-30℃左右的低温下就能沸腾汽化。先从压缩机开始,沿着图中所示的箭头方向循环工作,电动压缩机用压缩气体的方法将气态制冷物质压入节流

阀,节流阀实际是一根很细的管子,称为毛细管,在毛细管里的压力是不变的,在它的出口处空间突然增大(就像将水压入一根细管子,在出口的地方会形成喷雾一样),形成喷雾状的气态进入电冰箱内的蒸发器,在蒸发器里迅速吸热汽化,我们知道,要蒸发需要吸收热量,所以吸收冰箱中食物的热量,使电冰箱内温度降低。蒸发器着汽化了的制冷物质又不断被压缩机抽出,重新压入冷却器液化,同时通过背后的散热器放出在蒸发过程中吸收的热量。通过制冷物质这样的循环,不断地在蒸发器内蒸发吸热,从而使电冰箱达到制冷的效果。

随着技术的发展,人们发现"氟利昂"对地球大气层中的臭氧层有很大的破坏,形成"臭氧空洞",使紫外线直接照射到地球表面,所以现在的很多冰箱使用一种叫作"替代氟利昂"的制冷物质,称为"无氟冰箱"。

★★ 学以致用小练习

例4.(2006年广东高考)如图为电冰箱的工作原理示意图。压缩机工作时,强迫制冷剂在冰箱内外的管道中不断循环。在蒸发器中制冷剂汽化吸收箱体内的热量,经过冷凝器时制冷剂液化,放出热量到箱体外。下列说法正确的是　　　　　( )

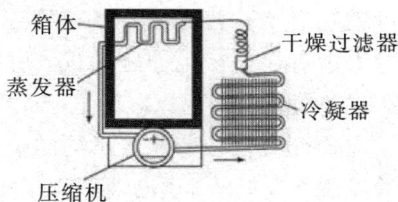

A. 热量可以自发地从冰箱内传到冰箱外

B. 电冰箱的制冷系统能够不断地把冰箱内的热量传到外界,是因为其消耗了电能

C. 电冰箱的工作原理不违反热力学第一定律

D. 电冰箱的工作原理违反热力学第一定律

解析: 由热力学第二定律知,热量不能自发地从低温物体传到高温物体,除非施加外部的影响和帮助。电冰箱把热量从低温的内部传到高温外部,需要压缩机的帮助并消耗电能。故A选项错误,B选项正确。电冰箱的工作过程不违反能量守恒,故C选项正确,D选项错误。

答案:BC

第三章　物理与生活

六、电视机

1925年,英国科学家研制成功电视机。1928年,美国纽约31家广播电台进行了世界上第一次电视广播试验,由于显像管技术尚未完全过关,整个试验只持续了30分钟,收看的电视机也只有十多台,此举宣告了作为社会公共事业的电视艺术的问世。美国1939年推出世界上第一台黑白电视机,到1953年设定全美彩电标准以及1954年推出彩色电视。

我国第一台黑白电视机诞生在1958年。天津712厂依附当时苏联的元器件生产出了北京牌14英寸黑白电视机,当时我国电视机研制技术与日本基本处在同一起跑线。

最早我们使用的是显像管电视,是用大家熟悉的电场实现偏转的,但是有个缺点,显像管太长(看看我们的示波器的长度就知道了)。所以现在的电视用磁场作偏转,就是因为它的偏转角度大。显像管中有用电产生的磁场,运动的电子在磁场中受到洛伦兹力,使其运动方向发生偏转,由于产生的电子是不相同的,所以电子的偏转也是不同的,所以电子流会打在荧光屏不同的位置上,并发生偏转,产生图像。经过数十年的发展与完善,画质已经达到了很高的标准,不过最明显的不足是实用化的最大屏幕尺寸通常只能做到38英寸,另外也很难薄型和轻型化,38英寸的CRT(即显像管)电视机已经非常笨重和庞大了。

由于家居面积的增大与传统显像管电视画面尺寸受限,背投电视在家庭使用中受到了很多人的喜爱。最早出现的背投电视是采用了DLP(数码光路处理器)技术,突破了显像管电视对屏幕尺寸的限制,出现了65英寸甚至超过了70英寸的大屏,更大的画面带来更佳的视听效果。

但是你会发现DLP技术的背投电视并没有大规模"飞入寻常百姓家",主要原因是因制造工艺复杂,所以成本较难进一步地降低;而且进一步发展中会遇到专利技术的问题:大部分核心技术被TI(美国德州仪器公司)所垄断。

现在市场上主要的大屏幕电视主要是基于LCD技术的液晶电视和等离子电视。

液晶电视,液晶是一种介于固态和液态之间的物质,是具有规则性分子排列的有机化合物,如果把它加热会呈现透明状的液体状态,把它冷却则会出现结晶颗粒的混浊固体状态。正是由于它的这种特性,所以被称为液晶。用于液晶显示器的液晶分子结构排列类似细火柴棒,称为液晶,采用此类液晶制造的液晶显示器也就称为LCD(Liquid Crystal Display)。而液晶电视是在两张玻璃之间的液晶内,加入电压,通过分子排列变化及曲折变化再现画面,屏幕通过电子群的冲撞,制造画面并通过外部光线的透视反射来形成画面。

等离子电视,它是在两张超薄的玻璃板之间注入充入氖、氙等混合惰性气体作为工作媒质,两张玻璃间隔一定距离,四周经气密性封接形成一个个放电空间,施加电压后利用荧光粉发光成像。

液晶电视和等离子电视由于屏幕大,体积小的特点深受消费者的欢迎,随着大量生产的实现,成本也进一步降低,成了家用电视的主流产品。但是二者还是具有各自的优缺点。

液晶电视:

优点:屏幕尺寸多样,范围由几英寸到65英寸;物理分辨率已到1920×1080,静止图像水平和垂直清晰度可达1080电视线,图像细腻,清晰度高;图像亮度优于等离子电视;外观扁平、薄、体积轻、功耗小。图像无闪烁,长期观看眼睛不疲劳。

缺点:可视角小,亮度、对比度和饱和度随视角增加而减小,色度误差随视角增加而增大,使图像质量降低;响应时间慢,观看运动尤其是快速运动图像时,清晰度下降;对比度劣于等离子电视;因采用背光源,易产生漏光,全屏亮度均匀性差,劣于等离子电视;尺寸大时价格较高;没有高质量的扁平扬声器支持。

等离子电视:

优点:屏幕尺寸较大,目前已到102英寸;图像清晰,颜色鲜艳,对比度高;在暗场时图像层次好;具有平板电视最宽的视角;响应时间短,解决运动图像拖尾优于液晶电视;全屏亮度均匀好,优于液晶电视。外观较薄,体积小;图像无闪烁,长期观看眼睛不疲劳。

缺点:由于像素间有明显间距,导致像素化图像在近距离观看较明显;尺寸不宜较小,灵活性上劣于液晶电视;若在高亮度图像时,消耗功率大,寿命降低;在高压、高电流下,装配零件数目较多,并多为高压元件,电磁干扰较大;图像残像较大,劣于液晶电视。体积小且没有高质量扁平扬声器支持,声音保真较差。

例5. (2002·天津)电视机的显像管中,电子束的偏转是用磁偏转技术实现的,电子束经过电压为U的加速电场后,进入一圆形匀强磁场区,如图所示。磁场方向垂直于圆面.磁场区的圆心为O,半径为r。当不加磁场时,电子束将通过O点打到屏幕的中心M点,为了让电子束射到屏幕边缘的P点,需要加磁场, 使电子束偏转一已知角度θ,此时磁场的磁感应强度B为多少?

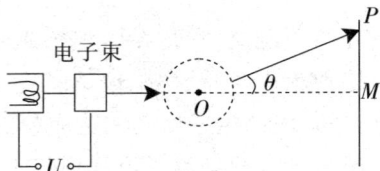

解:电子在磁场中沿圆弧ab运动,圆心为C,半径为R。以v表示电子进入磁场时的速度,m、e分别表示电子的质量和电量,则

$$eU=\frac{1}{2}mv^2$$

$$Bev=\frac{mv^2}{R}$$

根据图形有 $\tan\theta=\frac{r}{R}$

由以上各式解得 $B=\frac{1}{r}\sqrt{\frac{2mU}{e}}\tan\frac{\theta}{2}$

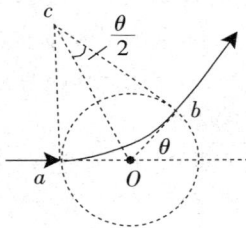

练习

1. 洗衣机的甩干筒在转动时有一衣物附在转筒壁上,则此时 (　　)

A. 衣物受到重力、筒壁的弹力和摩擦力和向心力的作用

B. 衣物随筒壁做圆周运动的向心力是由于摩擦的作用

C. 筒壁对衣物的摩擦力随转速增大而减小

D. 以上说法都不正确

答案:D

2. 双缸洗衣机正常脱水工作时非常平稳,切断电源后,洗衣机的振动越来越剧烈,然后振动逐渐减弱,对这一现象,下列说法正确的是 (　　)

A. 正常脱水时,洗衣机脱水缸的运转频率比洗衣机的固有频率大

B. 正常脱水时,洗衣机脱水缸的运转频率与洗衣机的固有频率相等

C. 正常脱水时,洗衣机脱水缸的运转频率等于洗衣机的固有频率

D. 当洗衣机振动最剧烈时，脱水缸的运转频率恰好等于洗衣机的固有频率

答案：AD

3. 电视机的显像管中,电子束的偏转是用磁偏转技术实现的。电子束经过加速电场后,进入一圆形匀强磁场区,磁场方向垂直于圆面。不加磁场时,电子束将通过磁场中心O点而打到屏幕上的中心M,加磁场后电子束偏转到P点外侧。现要使电子束偏转回到P点,可行的办法是　　　　　　　　　（　　）

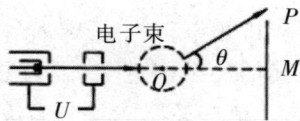

A. 增大加速电压　　　　　　　　B. 增加偏转磁场的磁感应强度

C. 将圆形磁场区域向屏幕靠近些　　D. 将圆形磁场的半径增大些

答案：AC

4. 日常生活中,我们常用微波炉来加热食品,它是利用微波来工作的。对于微波炉下列说法中不正确的是　　　　　　　　　　　（　　）

A. 微波炉内所产生的微波不是电磁波,而是波长微小的机械波

B. 微波还广泛用于电视、雷达

C. 微波能发生反射,但不能发生干涉

D. 微波是一种波长很短的电磁波,它可以在真空中传播

答案：AC

5. 如图甲为电热毯的电路图,电热丝接在$U=311\sin100\pi t$伏的电源上,电热毯热到一定温度后,通过装置P使输入电压变为图乙所示波形,从而进入保温状态, 若电热丝电阻保持不变,此时交流电压表的读数是　　　　　　　　　（　　）

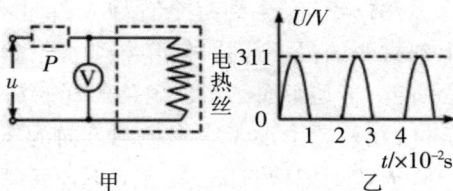

A. 156V　　　　　　B. 220V　　　　　　C. 311V　　　　　　D.110V

答案：A

第三节　物理与交通

随着人类对交通工具的改造,使它们变得越来越省力,速度却越来越快,从比较现代的自行车、摩托车到汽车、火车,甚至到天上的飞机,都与我们学习

的物理知识有紧密的联系,你知道他们的发展历程以及与物理的联系吗?

一、自行车

众所周知,中国是世界上自行车拥有量最多的国家,是公认的"自行车王国"。你知道自行车最早出现在哪个国家吗?

1790年,有个法国人名叫西夫拉克,他特别爱动脑筋。有一天,他行走在巴黎的一条街道上,因为前一天下过雨,路上积了许多雨水,很不好走。突然,一辆四轮马车从身后滚滚而来,那条街比较狭窄,马车又很宽,西夫拉克躲来躲去幸而没有被车撞倒,还是被溅了一身泥巴和雨水。别人看见了,替他难过,还气得直骂,想喊那辆马车停下,讲理交涉。西夫拉克却喃喃地说:"别喊了,别喊了,让他们去吧。"马车走远了,他还呆呆地站在路边。他在想:路这么窄,行人又那么多,为什么不可以把马车的构造改一改呢应当把马车顺着切掉一半,四个车轮变成前后两个车轮……他这样一想,回家就动手进行设计。经过反复试验,于1791年第一架代步的"木马轮"小车造出来了。这辆小车有前后两个木质的车轮子,中间连着横梁,上面安了一个板凳,像一个玩具俱似的。由于车子还没有传动链条,靠骑车人双脚用力蹬地,小车才能慢慢地前进,而且车子上也无转向装置,只能直行,不会拐弯,出门骑一会儿就累得满身大汗。刚刚出现的新东西总是不那么完善的。西夫拉克并不灰心,他继续想办法加以改进。可惜,不久他因病去世了。

1818年,在德国有个看林人名叫德莱斯,他每天从村东的这一片树林,走到村西的另一片树林,年年如此。他想:如果人坐在车子上,走走停停,随心所欲,不是很潇洒吗?德莱斯开始制作木轮车,样子跟西夫拉克的差不多。不过,在前轮上加了一个控制方向的车把子,可以改变前进的方向。但是骑车队依然要用两只脚,一下一下地蹬踩地面,才能推动车子向前滚动。当德莱斯骑车出门试验的时候,一路上遭到不少人的嘲笑。尽管如此,他还是十分喜欢自己创作的这架"可爱的小马崽"。一次德莱斯在骑车闲逛时开过来一辆马车,车夫嘲笑他说他的车慢,于是他就和车夫说:"你信不信我的车比你的马车还快"于是他们两个打了个赌。路程是从村东到村西的一个来回,结果德莱斯比车夫整整快了1个多小时。

1840年,英格兰的铁匠麦克米伦,弄到了一辆破旧的"可爱的小马崽"。他在后轮的车轴上装上曲柄,再用连杆把曲柄和前面的脚蹬连接起来,并且前后轮都用铁制的,前轮大,后轮小。当骑车人踩动脚蹬,车子就会自行运动起来,向前跑去。这样一来,就使骑车人的双脚真正离开地面,以双脚的交替踩动变为轮子的滚动,大大地提高了行车速度。1842年,麦克米伦骑上这种车,一天跑了20千米,由于不小心,踩车的速度过快,撞倒了路上的一个小女孩,因此而被警察抓住,并处以罚款,其罪名是野蛮骑车。

1861年,法国的米肖父子,原本职业是马车修理匠,他们在前轮上安装了能转动的脚蹬板;车子的鞍座架在前轮上面,这样除非骑车的技术特别高超,否则就抓不稳车把,会从车子上掉下来。他们把这辆两轮车冠以"自行车"的雅名,并于1867年在巴黎博览会上展出,让观众大开眼界。

1869年,英国的雷诺看了法国的自行车之后,觉得车子太笨重了,开始琢磨如何把自行车做得轻巧一些。他采用钢丝辐条来拉紧车圈作为车轮;同时,利用细钢棒来制成车架,车子的前轮较大,后轮较小。从而使自行车自身的重量减小一些。从西夫拉克开始,一直到雷诺,他们制作的5种形式的自行车都与现代自行车的差别较大。

真正具有现代形式的自行车是在1874年诞生的。英国人罗松在这一年里,别出心裁地在自行车上装上了链条和链轮,用后轮的转动来推动车子前进。但仍然是前轮大,后轮小,看起来不够协调,不稳定。

1886年,英国的斯塔利,是一位机械工程师,从机械学、运动学的角度设计出了新的自行车样式,为自行车装上了前叉和车闸,前后轮的大小相同,以保持平衡,并用钢管制成了菱形车架,还首次使用了橡胶的车轮。斯塔利不仅改进了自行车的结构,还改制了许多生产自行车部件用的机床,为自行车的大量生产和推广应用开辟了宽阔的前景,因此他被后人称为"自行车之父"。斯塔利所设计的自行车车型与今天自行车的样子基本一致了。

1888年,爱尔兰的兽医邓洛普,从医治牛胃气膨胀中得到启示,他把家中花园里用来浇水的橡胶管粘成圆形,打足了气,装在自行车轮子上,前往参加骑自行车比赛,居然名列前茅,引起了人们极大的兴趣。充气轮胎是自行车发展史上一个划时代的创举,它增加了自行车的弹性,不会因路面不平而震动;同时大大地提高了行车速度,减少了车轮与路面的摩擦力。这样,就根本上改变了自行车的骑行性能,完善了自行车的使用功能。

还有一种说法是自行车起源于中国,认为自行车的始祖是我国公元前五百多年的独轮车。清康熙年间(1662—1722年),黄履庄曾发明过自行车。《清朝野史大观》卷十一载:"黄履庄所制双轮小车一辆,长三尺余,可坐一人,不需推挽,能自行。行时,以手挽轴旁曲拐,则复行如初,随住随挽日足行八十里。"这就是世界上最早的自行车。(这怎么有点像现在手摇式轮椅)

现代自行车无论从材质、结构以及人性化的机械配置、气体动力学的运用等方面,都有了更加合理的改变。

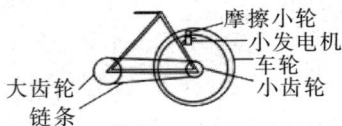

★★★ 学以致用小练习

例1. 如下图所示,一种向自行车车灯供电的小发电机的上端有一半径的摩擦小轮,小轮与自行车车轮的边缘接触。当车轮转动时,因摩擦而带动小轮转动,从而为发电机提供动力。自行车车轮的半径R_1=35cm,小齿轮的半径R_2=4.0cm,大齿轮的半径R_3=10.0cm,求大齿轮的转速n_1和摩擦小轮的转速n_2之比。(假定摩擦小轮与自行车车轮之间无相对滑动)

解析:大小齿轮间、摩擦小轮和车轮之间和皮带传动原理相同,两轮边缘各点的线速度大小相等,由$v=2\pi nr$可知转速n和半径r成反比;小齿轮和车轮间和轮轴的原理相同,两轮上各点的转速相同。由这三次传动可以找出大齿轮和摩擦小轮间的转速之比$n_1:n_2$=2:175。

答案:2:175

二、摩托车

1885年,德国人戈特利伯·戴姆勒将一台发动机安装到了一台框架的机器中,世界上第一台摩托车诞生了,80年代由日本大量生产。

1951年8月,中国正式开始自行试制、生产摩托车,由当时的中国人民解放军北京汽车制配六厂完成了5辆重型军用摩托车的试制任务,并由中央军委命名为井冈山牌。摩托车由于经济省油,适合各种路况而深受人们的喜爱,哪怕是在汽车大量普及的今天,摩托车仍然是广大农村用户的主要代步工具。

三、汽车

我国是最早发明车的国家,据说世界上第一辆车,就是大禹时代的一位大夫奚仲发明的。但长期的封建统治使马车运输一直在中国占统治地位,我国的马车是在中世纪才传入欧洲的。所以,我国在车的使用上还是最早的呢。看了秦始皇兵马俑出土的铜车马,让人对我国古代的造车技术不得不产生崇高的敬意,同时在想,现在我们为什么就造不出世界一流的车呢?

民族自豪感过后,我们来了解现代汽车吧。我们知道,汽车是能够自己运动而不像马车那样靠马拉动,所以对汽车的了解就从蒸汽机开始。

1766年 英国发明家瓦特(1736—1819年)改进了蒸汽机,拉开了第一次工业革命的序幕。到1784年,蒸汽机就进入大规模生产,并在世界各国广泛应用,把人类带入蒸汽机时代,进一步推动了交通运输业的发展。

18世纪,由于军事上的需要,法国陆军炮兵大尉尼可拉斯·约瑟夫·丘尼约奉命研制大炮的牵引车。1769年,他在巴黎兵工厂制成一号车,但开不动,试制失败;1721年5月,他又制成了二号车,虽然还不理想,但可以开动,能坐4人,时速可达9.5千米。这是一辆长7.2米、宽2.3米的木制三轮车。在前轮前面特制的架子上悬吊着一个0.05³的大锅炉,产生的蒸汽送往前轮上方左右垂直悬挂的汽缸内,带动两个活塞使前轮转动。它成为历史第一部"自动车",也是世界上最早的蒸汽汽车。由于锅炉和两个汽缸都装在行驶中摇晃的前轮的前面和上部,所以,这辆车行驶不稳,加上没有刹车,非常危险。

1859年,美国人多利克发现了石油并加以开采,石油在近代才被用作照明燃料。 1874年,美国人扬格发现了利用蒸馏法提取易燃烧的汽油,其热值比煤气要高1倍。

1862年,法国人德·罗夏斯提出了四冲程内燃机原理。1878年才由德国人尼古拉·奥托和尤金·兰根依据四冲程工作原理,首创四冲程活塞循环,共同设计并制造出较为经济的四冲程往复式活塞内燃机,热效率达到13%,它与现代内燃机的原理很接近,是第1台能代替蒸汽机的实用内燃机。

1886年,德国工程师卡尔·本茨和戈特里布·戴姆勒相继发明了汽车。看到这两位的名字你是否感到熟悉呢?对了,它们就是现在大名鼎鼎的"奔驰汽车"的创始人。

四、火车

由于社会的发展,对客货运输要求不断提高,汽车的承载能力已经不能满足要求,人们总思考着有一种运输能力更强的工具,1825年由英国发明家斯蒂芬逊发明了蒸汽机车。

你或许搞不清楚先有鸡还是先有蛋,但是应该搞清楚先有火车还是先有铁路。铁路的出现要比火车足足早了50年呢。

早在16世纪中叶,英国的钢铁工业兴起,到处都搞采矿。可是,当时矿山的运输还很落后。铁矿石全靠马拉、人背,劳动效率很低。有个公司的老板,为了多运铁矿石,想了一个法子:从山上向坡下平放两股圆木,让中间的距离相同,一根接一根地摆到山下。当装满矿石的斗车,顺着两股圆木下滑的时候,山上的人大声喊叫着:"注意,车下来啦。"山下的人也大声回答道:"车到啦,好!"这就是初期的木头轨道。木头轨道制作简单,由上向下运送重物也很省力,一时受到欢迎。不过,如果在平地上使用木头轨道效果不大,省力不多。而且,这种木头轨道不耐用,磨损大。到了1767年,有人试着拿生铁来做轨道,以取代木头轨道。人们便称呼为铁路了。铁轨比木头轨道的体积小许多,它直接放在地面上,斗车的轮子也是铁制的,推起来当当直响,运煤、送货也省劲。

1830年,斯蒂芬逊新设计成功的蒸汽机车和火车行走的铁路——首次结合成功了。从英国伦敦到爱丁堡的旅行时间,由原来的10~12天,缩短到只需要2天多。人类可以创造比马跑得更快的旅行速度!

后来,随着对火车和铁轨技术的不断改进,由于铁路满足了大规模运输的特点,大大降低了运输成本,所以铁路运输成了现代生活中一种主要的运输方式。

1879年,洋务派首领李鸿章为了将唐山开平煤矿的煤炭运往天津,奏请修建了我国的第一条唐山至北塘的铁路。清政府认为铁路机车"烟伤禾稼,震动寝陵",为避免机车震动寝陵,决定由骡马牵引车辆,后来才从国外进口了蒸汽机车。

在晚清时期,清政府依靠从外国银行借贷,由外国公司修建了一些短途支线铁路。

民国时期,即从1911年至1949年38年内,修建铁路的技术力量有所发展。有了自己的技术力量,也有一些统一的技术标准,并开始有了制造机车车辆的能力。

1949年后,中国修建铁路有了统筹的规划和统一的标准,逐步形成了我国的铁路路网。从1958年大连机车车辆工厂仿照前苏联T3型电传动内燃机车试制成功"巨龙"号电传动内燃机车,我国的机车生产经历了从内燃机车向电力机车发展的过程。

内燃机车:

1958—1975年生产的内燃机车设计速度为100~120千米/小时,直到1992生产的东风11型内燃机车设计速度为170千米/小时。

电力机车:

1969年生产的韶山ss1型电力机车设计时速90千米/小时。

1997批量年生产的韶山8型电力机车设计速度:170千米/小时。

2000年生产的"神州号"内燃动车组设计时速为180千米/小时。

2002年生产的"中华之星"电动车组设计时速为270千米/小时,其最高运

走进物理

142

营速度限制为160千米/小时。

2006年生产的"和谐号"CRH1型电动车组设计时速为250千米/小时,持续运营速度为200千米/小时,最大运营速度为250千米/小时。

2010年生产的"和谐号"CRH380A型电动车组设计速度380千米/小时,持续运营速度350千米/小时。

随着我国高速铁路技术的不断发展,在国内建设了大量的高速铁路网络,实现了人们"朝发夕至"的现代铁路出行方式,在国际上也刮起了强劲的"高铁外交"风。

了解了火车和铁路的发展,跟我们平时最熟悉的字眼是以K、T、Z、D、G开头的各种火车票,它们究竟是什么意思呢?

K字头列车指快速列车,快速列车是2000年提速后新出现的一种列车等级,采用快速动力和快速车辆,最高时速120千米/小时,实际平均时速在60~90千米/小时不等,该等级的列车在行程中一般只经停地级行政中心或重要的县级行政中心以上的中大站、特大站。

T字头列车指特快列车,最高时速160千米/小时,平均时速在90~120千米/小时(由于铁路线的状况不同)。这样的列车在行程中一般只经停省会城市或当地的大型城市。

Z字头列车指直达特快列车,最高时速160千米/小时,实际平均时速在120千米/小时左右,这种列车在行程中一站不停或者经停必须站但不办理客运业务。

D字头列车指动车,动车组指的是列车的类型。它是中国独有的叫法,区别于以前的普通列车。一般情况下,普通列车是靠机车牵引的,车厢本身不具有动力,通过机车牵引车列运行,机车自重很大,牵引启动需要很大的摩擦力,也比较耗费燃油和电力,整列列车运行和制动控制都在机车上,而动车车厢本身就具有动力,运行时,不光是机车带动,车厢也会"自己跑",这样就可以把动力分散,运行速度也就更快。动车可以根据需要进行不同的编组,如16节长编组的CRH2B型动车,整车为八动八拖,还有CRH2C型为300千米时速型,采用六动两拖。

G字头列车是指高铁,前面的各种列车称呼主要是以列车的特点命名的,而高铁就是高速铁路,是指通过改造原有线路(直线化、轨距标准化),使营运速率达到每小时200千米以上,或者专门修建新的"高速新线",使营运速率达到每小时250千米以上的铁路系统。高铁除了火车更先进之外还有最明显就是铁轨的设计也先进了,高铁铁轨一般采用无砟铁轨,砟,是岩石、煤等碎片的意思,无砟轨道指的就是没有小石头的轨道。在无砟轨道上,普通铁路中常见的枕木被混凝土枕取代,枕木下的小石头也不见了,而是直接将铁轨铺在一个高强度混凝土板上。一般来说,列车时速达到250千米以后,在车尾部会形成强烈的气旋风,如果是"有砟轨道",那些碎石子会被掀起来,给列车运行造成极大危险。从这个方面来说,"无砟轨道"适用于时速超过250千米的高速铁路。无砟轨道对控制沉降的要求更高。所以在最新的京沪高铁,干脆采用了80%以桥代路的方式,用建筑超高层建筑的方法来打地基,同时在轨道板和钢轨之间垫了三层东西,以便发生沉降的时候通过调整垫片来弥补。

由于动车和高铁速度较快,实现了高密度发车,提高了线路的使用效率,增大了运能,对于方便人们出行和缓解我国日益增长的运输要求与有限的运能的矛盾有非常大的作用。

在铁路事业高速发展的过程中,还有一种列车也是现代物理学发展的结晶,那就是磁悬浮列车。磁悬浮列车主要依靠磁悬浮技术,利用高频电磁场在金属表面产生的涡流来实现对金属球的悬浮。将一个金属样品放置在通有高频电流的线圈上时,高频电磁场会在金属材料表面产生一高频涡流,这一高频涡流与外磁场相互作用,使金属样品受到一个洛沦兹力的作用。在合适的空间配制下,可使洛沦兹力的方向与重力方向相反,通过改变高频源的功率使电磁力与重力相等,即可实现电磁悬浮。一般通过线圈的交变电流频率为104~105赫兹。

在位于轨道两侧的线圈里流动的交流电,能将线圈变为电磁体。由于它与列车上的超导电磁体的相互作用,就使列车开动起来。列车前进是因为列车头部的电磁体(N极)被安装在靠前一点的轨道上的电磁体(S极)所吸引,并且同时又被安装在轨道上稍后一点的电磁体(N极)所排斥。当列车前进时,在线圈里流动的电流流向就反转过来了。其结果就是原来那个S极线圈,现在变为N极线圈了,反之亦然。这样,列车由于电磁极性的转换而得以持续向前行驶。

2002年12月31日,上海磁浮运营线终于迎来了第一批客人,它们就是当时我国的国务院总理朱镕基和德国时任总理施罗得先生。列车设计时速430千米/小时,实际时速约380千米/小时,现已降速至最高301千米/小时。

★★★ 学以致用小练习

例2. 动车就是将动力装置分散安装在每节车厢上,使其既具有牵引动力,又可以载客,这样的客车车辆叫作动车。而动车组就是几节自带动力的车辆加几节不带动力的车辆编成一组,如图所示。假设动车组运行过程中受到的阻力与其所受重力成正比,每节动车与拖车的质量都相等,每节动车的额定功率都相等。若1节动车加3节拖车编成的动车组的最大速度为120km/h;则6节动车加3节拖车编成的动车组的最大速度为 （ ）

A. 120 km/h　　　　B. 240 km/h　　　　C. 320 km/h　　　　D.480 km/h

解:设每节动车的功率为P,每节动车的重力为G,阻力为kG,则1节动车加3节拖车编成的动车组:$P=F_1V_1$。其中牵引力$F_1=4kG$。

6节动车加3节拖车编成的动车组:$6P=F_2V_2$。其中牵引力$F_2=9kG$,$V_1=$120km/h 代入解得$V_2=320$km/h。

例3. 磁悬浮列车是用超导体产生抗磁作用使车体向上浮起,通过周期性地变换磁极方向而获取推进动力的列车,磁悬浮列车的运行原理可简化为如图所示的模型,在水平面上,两根平行直导轨间有竖直方向且等距离分布的匀强磁场B_1和B_2,导轨上有金属框abcd,其宽度与每一个方向的磁场宽度相同,当匀强磁场B_1和B_2同时沿直导轨向右运动时,金属框也会沿直导轨运动。设直导轨间距为L,$B_1=B_2=B$,金属框的电阻为R,金属框运动时受到的阻力恒为F。

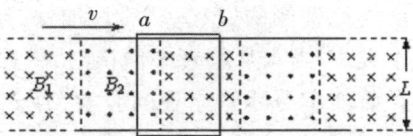

(1)若两磁场同时以速度v向右做匀速直线运动,则金属框运动的最大速度是多少?

(2) 若两磁场同时以加速度a向右做初速度为零的匀加速直线运动,则金属框要经过多少时间开始运动?经过足够长时间后,金属框也要做匀加速直线运动,则其加速度有多大?

解析:(1)当两磁场同时以速度v向右做匀速直线运动时,金属框中会产生感应电动势,金属框受到安培力作用而加速运动,当金属框做匀速直线运动时其速度最大。

感应电动势为:E=2BL($v-v_m$)

根据平衡条件:$F=BIL=\dfrac{4B^2L^2(v-v_m)}{R}$

解得: $v_m=(4B^2L^2v-FR)/4B^2L^2$

(2) 当两磁场同时以加速度a向右做初速度为零的匀加速直线运动,设经过时间t后金属框开始运动,此时速度,感应电动势为:E=2BLv=2BLat

由$F=\dfrac{4B^2L^2at}{R}$ 得$t=\dfrac{FR}{4B^2L^2a}$

经过足够长时间后,金属框也要做匀加速直线运动,当金属框的加速度与两磁场运动的加速度相同时,电路中的电流达到稳定状态。

五、飞机

从1903年美国人莱特兄弟成功试飞,飞机作为一种现代交通方式已经发展了一百多年了,它为人们的出行带来了方便的同时,也在各种战争中大量使用,给人类也带来了惨重灾难,对人类文明产生了毁灭性破坏。但是和平利用飞机,才是人类发明飞机的初衷。

飞机是怎么飞上天的呢?这种使飞机上天的力来自于飞机独特的机翼,飞机的机翼的上下两侧的形状是不一样的,上侧的要凸些,而下侧的则要平些。当飞机滑行时,机翼在空气中移动,从相对运动来看,等于是空气沿机翼流动。由于机翼上下侧的形状是不一样,在同样的时间内,机翼上侧的空气比下侧的空气流过了较多的路程(曲线长于直线),也即机翼上侧的空气流动得比下侧的空气快,流速加快,压力降低。而机翼下表面,流速减慢,压力增大。(当水从细管中流出时,压力突然变小,流动速度加快,变成了喷雾状。在前面学习冰箱原理的时候,有一个叫节流阀的元件,当流体的流动速度加快时,压力会变小,这一现象被称为"伯努利效应")于是机翼上、下表面出现了压力差,垂直于相对气流方向的压力差的总和就是机翼的升力。这样重于空气的飞机借助机翼上获得的升力克服自身因地球引力形成的重力,从而翱翔在蓝天上了。

所以飞机的定义是由动力装置产生前进推力,由固定机翼产生升力,在大气层中飞行的重于空气的航空器称为飞机。从严格意义上来说,无动力装置的滑翔机、以旋翼作为主要升力面的直升机以及在大气层外飞行的航天飞机都不属于飞机的范围。

⭐⭐⭐ 学以致用小练习

例4. 由上海飞往美国洛杉矶的飞机在飞越太平洋上空的过程中,如果保持飞行速度的大小和距离海面的高度不变,则以下说法正确的是 (　　　)

A.飞机做匀速直线运动

B. 飞机上的乘客对座椅的压力略大于地球对乘客的引力

C.飞机上的乘客对座椅的压力略小于地球对乘客的引力

D.飞机上的乘客对座椅的压力零

解析:飞机保持飞行速度大小和距离海面的高度均不变,则飞机做是匀速圆周运动,飞机上的乘客受重力和座椅支持力的作用,合力为乘客做匀速圆周运动的向心力,方向向下,故地球的引力大于支力。所以C正确。

 练习

1. 有些汽车刹车后,停止转动的轮胎在地面上发生滑动,可以明显地看出滑动的痕迹,即常说的刹车线,由刹车线长短可以得知汽车刹车前的速度大小,因此刹车线的长度是分析交通事故的一个重要依据,若汽车刹车后的加速度大小为7m/s²,刹车线长是14m,则可知汽车刹车前的速度大约是

( )

A. 14m/s   B. 20m/s   C. 10m/s   D. 7m/s

答案:A

2. 为了测定某辆轿车在平直公路上启动时的加速度(轿车启动

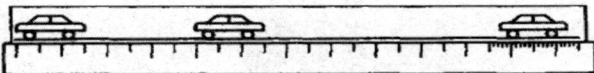

时的运动可近似看做匀加速直线运动),某人拍摄了一张在同一底片上多次曝光的照片,如图所示。如果拍摄时每隔2s曝光一次,轿车车身总长为4.5m,那么这辆轿车的加速度约为

( )

A. 1m/s²   B. 2m/s²   C. 3m/s²   D. 4m/s²

答案:B

3. 如图是在高速公路上用超声波测速仪测量车速的示意图。测速仪发出并接收超声波脉冲信号,根据发出和接收到的信号间的时间

图a

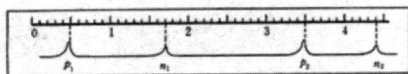

图b

差,测出被测物体的速度,图b中P_1、P_2是测速仪发出的超声波,n_1、n_2分别是P_1、P_2由汽车反射回来的信号,设测速仪匀速扫描,P_1、P_2之间的时间间隔$\triangle t=0.7s$,超声波在空气中传播的速度是$v=340m/s$,若汽车是匀速行驶的,则根据图b可知,图中每小格表示的时间是_____秒,汽车在接收到P_1、P_2两个信号之间的时间内前进的距离是_____米。

答案:(1)17m   (2)17.9 m/s

4. 为了安全,在公路上行驶的汽车之间应保持必要的距离。已知某高速公路的最高限速$v=120km/h$。假设前方车辆因故障突然停止,后方车辆的司机从发现这一情况,经操纵刹车,到汽车开始减速所经历的时间(即反应时

间)$t=0.5$s,刹车时汽车受到的阻力大小为汽车重力的0.4倍。该高速公路上汽车之间的距离至少应为多少？

答案：155.56m

5. 曾经流行过一种向自行车车头灯供电的小型交流发电机，图甲为其结构示意图。图中N、S是一对固定的磁极，$abcd$为固定在转轴上的矩形线框，转轴过bc边中点、与ab边平行，它的一端有一半径$r_0=1.0$cm的摩擦小轮，小轮与自行车车轮的边缘相接触，如图乙所示。当车轮转动时，因摩擦而带动小轮转动，从而使线框在磁极间转动，设线框由N=800匝导线圈组成，每匝线圈的面积S=20cm²，磁极间的磁场可视为匀强磁场，磁感强度$B=0.010$ T，自行车车轮的半径$R_1=35$cm，小齿轮的半径$R_2=4.0$cm，大齿轮的半径$R_3=10.0$cm(见图2)。现从静止开始使大齿轮加速运动，问大齿轮的角速度为多大时才能使发电机输出电压的有效值$U=3.2$V？（假定摩擦小轮与自行车车轮之间无相对滑动）

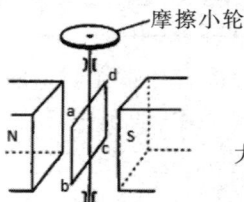

图1　　　　　　　　　　　　　图2

答案：$\omega=3.2$ rad/s

第四节　物理与航天

很早以前，人类就有飞上天的梦想，飞机的出现实现了人类这一梦想，于是人们把目光投向了更加遥远的太空。1957年10月4日前苏联发射了世界上第一颗人造地球卫星，拉开了人类探究宇宙空间的序幕。1961年4月12日，前苏联首位宇航员加加林成为世界上第一个进入宇宙空间的人，掀起了各国探索宇宙的高潮。

虽说当时迅猛发展的航天事业是苏美两个超级大国军备竞赛的推动结果，但是航天活动大大扩大了人类知识宝库和物质资源，给人类日常生活带来了重大的影响和巨大的经济效益。航天活动大大推动了现代科学技术和现代工农业的向前发展。

虽然我国的航天事业起步迟,底子薄,经过几代人的艰苦奋斗,已经取得了丰硕的成果,实现了从发射探测卫星、返回式卫星到载人航天事业的巨大成就。

一、我国航天发展的主要历程

火箭是进行航天探索的第一步,也是最重要的一步。我国在50年代中期,根据国防建设的需要,党中央、国务院决定发展我国的导弹事业,为发展运载火箭技术打下物质技术基础,也为后来的航天探索奠定了基础。在我国的火箭发展中,我们应该记住一位伟大的科学家——"中国火箭之父"钱学森。

我国的第一枚运载火箭是1958年9月8日由北京工业学院(现北京理工大学)研制的"东方1号"探空火箭。设计高度100千米,载荷25千克。

1964年6月29日,我国独立研制的中近程导弹"东风二号"的成功发射,最大射程1300~1500千米。

1980年5月18日上午10时,中国第一发远程运载火箭自西北沙漠深处腾空而起,射程为9070千米。

从零开始的火箭事业已经形成了性能可靠、稳定的"长征"系列火箭。

"长征一号"运载火箭是一种三级火箭,主要用于发射近地轨道小型有效载荷。火箭全长29.86米,最大直径2.25米,起飞重量8.16万千克,起飞推力11.2万千克,能把300千克重的卫星送入440千米高的近地轨道。1970年4月24日,长征一号运载火箭成功地将"东方红一号"卫星送入预定轨道,奠定了长征系列火箭发展的基础。

"长征二号"火箭是一种两级火箭,全长31.17米,最大直径3.35米,起飞重量190吨,能把1.8吨的卫星送入距地面数百千米的椭圆形轨道。1975年11月26日,"长征二号"火箭完成了中国第一颗返回式卫星的发射任务。

"长征三号"运载火箭是在"长征二号"火箭基础上于1984年研制成功的,增加的第三级采用低温高能液氢液氧发动机。火箭全长44.86米,一、二级直径3.35米,三级直径2.25米,起飞重量20.488万千克,同步转移轨道运载能力为1600千克。"长征三号"火箭的成功发射,标志着中国运载火箭技术跨入世界先进行列,是中国火箭发展上的一个重要里程碑:它首次采用了液氢、液氧作火箭推进剂;首次实现火箭的多次启动;首次将有效载荷送入地球同步转移轨道。

专门为发射神舟号飞船研制成功了长征二号F运载火箭。长征二号F火箭从1992年开始研制,经适应性修改,其近地轨道运载能力提高到11 200千克,不仅可以发射各种近地轨道有效载荷，还可用于发射月球探测器或星际探测器。

随着航天事业的发展，我国正在研制推力更大、更加可靠的新型运载火箭，目前已经公开的是长征五号系列火箭。在长征五号运载火箭和位于海南岛的海南文昌航天发射基地问世后，中国将具备25 000千克的近地轨道运载能力和12 000千克的地球同步轨道运载能力，可发射20 000千克吨级长期有人照料的空间站、大型空间望远镜、返回式月球探测器、深空探测器、超重型应用卫星等。

二、航天器

我国开始实施载人航天工程时，人类已经研制出宇宙飞船、航天飞机和空间站3种航天器。我们为什么不直接研制航天飞机或空间站，而要从宇宙飞船起步呢？

航天飞机和空间站的研制投入很大，风险也大，技术难度高，而宇宙飞船在技术上容易突破，研制费用较少，研制周期也较短。因此，研制载人飞船的方案更符合中国国情，我国的载人航天事业应该从飞船起步。1992年，飞船载人航天工程正式立项，这项工程后来被定名为"神舟"号飞船载人航天工程。

三、卫星的轨道

1. 离地球最近的卫星有多高

可能有很多人会回答，只要高于珠穆朗玛峰就行了，其实不是。人造卫星中，间谍卫星高度最低，低的只有100多千米，（准确地讲，都在120千米以上）以便清晰地拍摄地面的照片，因为稀薄大气的阻力，所以寿命也不长；高度较高的有同步静止卫星，高度在3.6万千米，还有科学探测卫星，如我国发射的"双星"探测卫星，最远有8万多千米……

卫星轨道为什么要选择120千米以上这样的高度运行？主要是考虑气象因素，大家知道地球有一个大气层，90%大气质量在30千米以下，30千米以上逐渐稀薄了。随着高度的增加，空气密度急剧下降，在距地面100千米的高度上，空气密度为海平面的一百万分之一；在120千米高度上，空气密度为海平面的几千万分之一；在200千米高度上，空气密度只有海平面的五亿分之一。大家要问达不到120千米以上高度会怎样？达不到120千米以上高度就很快会掉下来。美国1959年曾发射了一颗卫星，距地球最低点是69英里，1英里=1.609千米，69英里=112千米，这颗卫星发射得很成功，上去围绕地球转了一圈后就掉下来了。为什么？这是由于受到空气阻力的影响，它没有真正脱离无阻力飞行的环境，所以就掉下来了。所以说必须把卫星运行轨道选择在120千米以上的空间，它才不会由于大气的阻力而掉下来。

人造地球卫星轨道按离地面的高度，可分为低轨道、中轨道和高轨道。低轨道卫星的轨道高度为200~2000千米，主要用于军事目标探测，利用低轨道卫星容易获得目标物高分辨率图像。低轨道卫星也用于手机通信，卫星的轨道高度较低使得传输延时短，路径损耗小。中高轨道卫星的轨道高度为2 000~20 000千米。

高轨道卫星主要指地球同步卫星，轨道高度为36 000千米，位于赤道上空。从轨道的角度上来讲，是通信卫星最理想的轨道，只需三四颗卫星就能覆盖全球，因而控制简单，不需要跟踪卫星及星间链路便可完成远距离通信。不足之处是轨道资源紧张，不能覆盖极区，尤其是由于星地间距离较远，信号损耗大，传输时延长（大于250毫秒），使得卫星和用户终端的体积和成本都增大，无法支持手持机，不利于移动通信。

所有的同步卫星，都须必以同样的速率飞行在同样的高度上，简单来说，就是所有的卫星都在离地面3.6万千米高的轨道上跑步，人们可能会想，这么大的轨道上，应该可以发射无数颗卫星，其实不然，为了避免采用相同频率通信的卫星之间互相干扰，相邻同步卫星的间距约需3°，因此，同步轨道上只能容纳大约120颗卫星，过不了多久，轨道就将被占满了。2005年据韩国《中央日报》报道，在韩国与日本的领土争端仍在进行的同时，韩国将开始与包括日本在内的邻国就获得太空空间展开谈判。由于韩国计划于2008年发射的卫星是用来跟踪海水运动和天气的，所以他们的卫星最理想的位置应是东经128°，但是由于日本、美国的卫星已经占据这一空间，韩国的卫星不得不定位于东经116°和东经113°。

目前有338颗地球同步卫星正在使用之中，已经远远突破了理论上的120颗，其中有35颗盘旋在韩国和其附近地区的上空。在这35颗同步卫星中，韩国有3颗，中国有14颗，日本则有18颗。由于卫星在经济、军事等领域发挥着重要作用，卫星频率轨道资源供需矛盾日显突出已成为不争的事实。

被称为"黄金轨道"的同步卫星轨道由于资源的限制和通信技术上的不足，人们便把目标投向中低轨道。为此，近年来提出了一些中低轨道通信卫星方案，这些卫星拟运行在高度为500~10 000千米间的轨道上，该方案采用在低轨道运行的多颗小型卫星组成星座，这样，既集中了低轨道卫星功率省、便于发射、链路损耗小、传输时延短等优点；又有地球静止轨道卫星覆盖面积大,能提供实时连续通信的优点(由数十颗卫星组成的星座相当于一颗超大型卫星,在世界任何一个角落看到其中的一颗星,便能通过它与其他卫星的联通,实现区域通信或全球通信),还有大椭圆倾斜轨道卫星能解决高纬度地区通信的优越性。不足之处是所需的卫星数目多,控制复杂,总费用投入较多,技术难度大,风险也大。在众多方案中,比较成熟的有"铱"星、"全球星"、"奥德赛"和ICO全球系统,其中"铱"星和"全球星"已于1997年发射。另外,美国轨道科学公司两年前马数颗"轨道通信"卫星送入太空,迈出了建立低轨卫星星座第一步。

2. 卫星的轨道是圆的还是椭圆的

严格来讲,所有人造卫星的轨道都是椭圆形的。比如地球赤道同步卫星,是人类期望达到纯正圆形轨道的卫星,这样在地面上看地球赤道同步卫星,它会是天空中的一个固定点。但是因为受多种其他因素的影响,卫星不能完全达到正圆,而是比较接近正圆的。

在高中学习阶段,为了研究问题的方便,一般当成圆来处理。

3. "嫦娥"探月走怎么样的轨道

月球探测有两种路线,直接路线和间接路线。直接路线也不是人们想象中直接对着月球发射,沿直线到达月球,直接和间接指的是直接进入或间接进入地月转移轨道。

"嫦娥一号"是由运载火箭送入环绕地球的椭圆轨道,再利用卫星自身推力进入地月转移轨道。第一步是先把卫星打到一个小的椭圆轨道,近地点是200千米,此时速度大概是每秒12千米左右,它到了顶点也就是远地点时离地面51 000千米,在近地点时,用卫星上的火箭加速,等转完一个椭圆火箭又回到近地点的时候离地面的距离就不是200千米了,就是600千米了。然后再加速一下就到了24小时轨道了,那么它的高度就很高了。之后,再回来的时候再加速一次,那个轨道就是48小时的轨道了,之后再回到近地点再加速一次,就可以直奔月球了。所以多次的变轨相当于慢慢抬高椭圆轨道的远地点,到最后变成一个大椭圆轨道,这个轨道如果画满的话,就是把地球和月球都包括在椭圆轨道里面了,这就是奔月轨道。但是这个轨道是不回来的,到了月球以后就变成了修正的月球轨道了。

"嫦娥一号"这么走是有好处的:多次加速比较稳妥,如果一次要求"嫦娥"的速度加得太大,对火箭的推力要求比较大,而且速度也要控制得准确,难度会大一些。所以,"嫦娥一号"选择多次加速,便于控制。

而"嫦娥二号"跟美国的"阿波罗"差不多,是由运载火箭直接送入近地点高度200千米、远地点高度约38万千米的直接奔月轨道。

★★★ 学以致用小练习

例1. 某网站报道,最近某国家发射了一颗人造地球卫星,环绕周期为1h。一位同学对该新闻的真实性感到怀疑。已知地球质量为5.98×10^{24}kg,地球半径为6400km,万有引力常量$G=6.67\times10^{-11}Nm^2/kg^2$,地球表面重力加速度为10m/s²,试推断该消息的真伪。

解:地球对卫星的万有引力定律提供向心力,根据万有引力定律有:

$$G\frac{Mm}{r^2}=m\frac{4\pi^2 r}{T^2}$$

解得:$T=\sqrt{\frac{4\pi^2 r^3}{GM}}$

代入数值得:$T=5024s\approx83.7min$

对人造地球卫星来说,由于大气层等因素的影响,环绕周期的理论计算最小值为84min,所以该新闻一定是假的。

例2. 毛主席曾有"坐地日行八万里,巡天遥看一千河"的壮丽诗篇,报道也说"神舟七号"飞船宇航员翟志刚19分35秒在太空行走9165km,这有什么物理依据?

解:坐在地上的人,相对于地面是静止的,实际上随着地球的自转,在以很大的速度运动呢。根据$v=\frac{2\pi R}{T}=465$m/s,一天24h,$x=vt=40176$km。

根据神七的飞行高度是340km,便可算出神七的飞行速度。因为神七太空飞行做圆周运动的向心力等于地球对它的万有引力,即

$$G\frac{Mm}{r^2}=m\frac{v^2}{r}$$

其中,r表示圆周运动的半径,即$r=6400+340=6740$km,M是地球质量,为5.98×10^{24}kg,万有引力常量$G=6.67\times10^{-11}Nm^2/kg^2$。

则翟志刚太空行走19分35秒,"走"的路程是:误差为1.2%。

例3. (2008年高考广东卷第12题)如图是"嫦娥一号奔月"示意图,卫星发射后通过自带的小型火箭多次变轨,进入地月转移轨道,最终被月球引力捕获,成为绕月卫星,并开展对月球的探测。下列说法正确的是 ( )

A. 发射"嫦娥一号"的速度必须达到第三宇宙速度

B. 在绕月圆轨道上,卫星的周

期与卫星质量有关

C. 卫星受月球的引力与它到月球中心距离的平方成反比

D. 在绕月圆轨道上,卫星受地球的引力大于受月球的引力

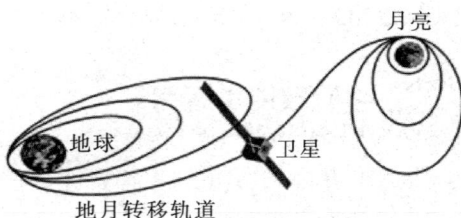

解:若发射"嫦娥一号"的速度达到第三宇宙速度,它将脱离太阳的束缚,故A错;

由牛顿第二定律$\dfrac{GMm}{R^2}=mR\left(\dfrac{2\pi}{T}\right)^2$可以看出,卫星周期与本身质量无关,故B错;由万有引力可以得到C正确;最终"嫦娥一号"绕月飞行,说明月球对它的引力应大于地球对它的引力,故D错。

练习

1. (2010年高考江苏卷6题)2009年5月,航天飞机在完成对哈勃空间望远镜的维修任务后,在A点从圆形轨道Ⅰ进入椭圆轨道Ⅱ,B为轨道Ⅱ上的一点,如图所示,关于航天飞机的运动,下列说法中正确的有 ( )

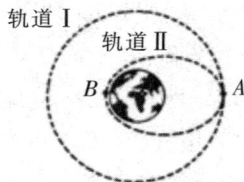

A. 在轨道Ⅱ上经过A的速度小于经过B的速度

B. 在轨道Ⅱ上经过A的动能小于在轨道Ⅰ上经过A的动能

C. 在轨道Ⅱ上运动的周期小于在轨道Ⅰ上运动的周期

D. 在轨道Ⅱ上经过A的加速度小于在轨道Ⅰ上经过A的加速度

答案:ABC

2. 目前的航天飞机的飞行轨道都是近地轨道,一般在地球上空300~700km飞行,绕地球飞行一周的时间为90min左右。这样,航天飞机里的宇航员在24h内可以见到日落日出的次数应为 ( )

A. 0.38   B. 1   C. 2.7   D. 16

答案:D

3. (2009年重庆卷17题)据报道,"嫦娥一号"和"嫦娥二号"绕月飞行器的圆形轨道距月球表面分别约为200km和100km,运动速率分别为v_1和v_2,那么v_1和v_2的比值为(月球半径取1700km) ( )

A. $\dfrac{19}{18}$　　　　B. $\sqrt{\dfrac{19}{18}}$　　　　C. $\sqrt{\dfrac{18}{19}}$　　　　D. $\dfrac{18}{19}$

答案:C

4. (2009年福建卷14题)"嫦娥一号"月球探测器在环绕月球运行过程中,设探测器运行的轨道半径为r,运行速率为v,当探测器在飞越月球上一些环形山中的质量密集区上空时　　　　　　　　　　（　　）

A. r、v都将略为减小　　　　B. r、v都将保持不变

C. r将略为减小,v将略为增大　　　　D. r将略为增大,v将略为减小

答案:C

5. (2010天津卷6)探测器绕月球做匀速圆周运动,变轨后在周期较小的轨道上仍做匀速圆周运动,则变轨后与变轨前相比　　　　（　　）

A. 轨道半径变小　　　　B. 向心加速度变小

C. 线速度变小　　　　D. 角速度变小

答案:A

6. (2008年高考全国2卷25题)我国发射的"嫦娥一号"探月卫星沿近似于圆形的轨道绕月飞行。为了获得月球表面全貌的信息,让卫星轨道平面缓慢变化。卫星将获得的信息持续用微波信号发回地球。设地球和月球的质量分别为M和m,地球和月球的半径分别为R和R_1,月球绕地球的轨道半径和卫星绕月球的轨道半径分别为r和r_1,月球绕地球转动的周期为T。假定在卫星绕月运行的一个周期内卫星轨道平面与地月连心线共面,求在该周期内卫星发射的微波信号因月球遮挡而不能到达地球的时间（用M、m、R、R_1、r、r_1和T表示,忽略月球绕地球转动对遮挡时间的影响）。

答案: $t=\dfrac{T}{\pi}\sqrt{\dfrac{Mr_1^3}{mr^3}\left(\arccos\dfrac{R-R_1}{r}-\arccos\dfrac{R_1}{r_1}\right)}$

第五节　物理与军事

一直以来,物理学在军事科学中的应用均占有不小的比例,而军事武器的不断发展在一定程度上也促进了物理学的进步。几百年来,一度在科幻作品中出现的那些神秘武器,如光学武器、声波武器、电磁波武器、核武器等,如今已纷纷面世。现代军事科学的知识密度高,综合性强。许多高精尖现代化军事武器,都与物理学的最新成就密切相关。

一、光学武器

1997年10月,美国以中红外线化学激光炮两次击中在轨道上运行的废弃卫星,宣告这次秘密试验完满成功,再次引起了人们对激光武器的注意。激光武器就是用高能的激光对远距离的目标进行精确射击或用于防御的武器。

高度集束的激光,能量也非常集中,举例来说,在日常生活中我们认为太阳是非常亮的,但一台巨脉冲红宝石激光器发出的激光却比太阳还亮200亿倍。当然,激光比太阳还亮,并不是因为它的总能量比太阳还大,而是由于它的能量非常集中。例如,红宝石激光器发出的激光射束,能穿透一张3厘米厚的钢板,但总能量却不足以煮熟一个鸡蛋。

2010年5月31日美国海军宣布,当天美国海军用激光炮在加州海上靶场成功跟踪并摧毁一架无人机。我国在激光武器方面也取得了巨大的成就,2007年1月11日用开拓2导弹击毁了一颗高度约850千米外我国报废的风云气象卫星,相信随着科学技术人员的继续努力,我国的激光武器一定会为保卫我们美好的家园提供可靠的保障。

还有一种高能定向杀伤武器,为电磁脉冲炸弹。它是一种利用大功率电磁波束毁坏敌方武器电子部件以及杀伤人员的定向能武器,可以非常有效地破坏被攻击目标的电子系统和计算机资料系统,在受到攻击后,目标方的电子设备立刻失效,电气化发动机瞬间停转,丧失战斗能力。它对人体也有很大伤害,主要集中在人的大脑、脖子、胸部和生殖腺方面,目前,高功率电磁冲炸弹对目标方来说,很难进行防御和对抗。这种武器用来对抗国外搭载大量电子设备的高性能尖端武器非常有效。

二、声学武器

人们日常可以听到的声音便是20~20000赫兹频率范围内的声波。目前军事领域中应用的主要是次声波部分(即频率低于20赫兹的声波)。和可闻声波相比,次声波在介质中传播时,能量衰减缓慢,隐蔽性好,不易为敌人察觉,所以军事上常用次声波接收装置来侦察敌情。另一方面,次声波武器还可直接消灭敌人的有生力量。那么,它的杀伤原理是什么呢?这里要涉及物理学的一个重要概念——共振。原来,次声武器是利用和人体器官固有频率相近的次声波与人体器官发生共振,导致器官变形、移位,甚至破裂,以达到杀伤目的。

此外,超声波在军事上的应用也很多。海水由于有良好的导电性,对电磁波的吸收能力很强,因而电磁雷达无法探测水下作战目标(如潜水艇)的方位和距离。所谓超声波，是指高频率的机械波（频率大约在20千赫兹以上）。它具有能流密度大，方向性好，穿透力强等特点。超声波在空气中衰减较快，而在固体、液体中的衰减却很小，这正好与电磁波相反。这种情况下，超声波雷达——声呐，便可发挥巨大的威力。

三、电磁武器

人们正在开发研究电磁能源而研制各种电磁武器，但都还没有实战运用，目前最有成果的是电磁弹射技术。通过近年我国首艘航空母舰，人们都了解了舰载机的起飞和降落，战机的起飞需要经过一定距离的滑翔，所以为了保证足够长的跑道，航空母舰也要造得相应的大，如果能用一个弹射装置把战机弹出去的话，就可以大大缩短甲板距离。

目前只有美国全面掌握了蒸汽弹射器技术，连法国的"戴高乐"号核动力航母也采用美国的蒸汽弹射技术。俄罗斯、英国、意大利和西班牙等国由于技术限制，无法研制真正在技术和工艺上过关的蒸汽弹射器，所以只能在本国航母上采用滑翘甲板（即把甲板尽头做成斜坡上翘，舰载机起飞后沿着上翘的斜坡冲出甲板，形成斜抛运动），作战效率远不如蒸汽弹射器。

电磁弹射是比蒸汽弹射更加先进的弹射技术，以前的蒸汽弹射设备太多维护不便而且占用空间，采用电磁弹射后原来2条弹射器可升级为4条，在空间有限的航母上可以增加飞机出勤率，而且由于电磁弹射占用空间较小，那么甚至连轻型航母都可以装备了，美国最新一代航母"福特"号上就采用了电磁弹射系统。

四、核武器

将核能引入战场是武器发展史上的重要里程碑，核能的军事应用首先是核武器的诞生。核武器的研究和发展有近70年的历史，至今已制造出的核武器达几十种之多，而人们通常所说的核武器是指原子弹、氢弹和中子弹等。

重核和轻核分别通过聚变核反应和裂变核反应可以转化成更稳定的中核，这两种反应均可释放出核间的巨大能量。原子弹即是利用了其中的能量。原子弹的核装料是纯的铀-235或钚-239、铀-233。这类原子核在中子轰击下发生链式反应。原子弹爆炸产生的高温高压及裂变碎片和各种射线，最终形成了冲击波、光辐射、早期核辐射、放射性污染以及电磁脉冲等杀伤破坏因素，其巨大杀伤力对现代战争的战略战术产生了重大的影响。

氢弹是以氘和氚作为核装料的，其爆炸能源于氢的同位素的聚变反应。

氢弹的杀伤破坏因素与原子弹相同,但威力比原子弹大得多。氢弹的爆炸过程就是原子弹爆炸加上轻核聚变的过程,由此可见其分量。

中子弹是氢弹小型化的产物,是一种战术核武器。中子弹爆炸时产生的冲击波、光辐射及放射性污染的杀伤破坏作用比原子弹和氢弹小得多,但它的贯穿辐射杀伤作用颇大,其能量所占比例超过40%。中子弹爆炸时放出大量高能中子和γ射线,对人员具有杀伤作用。核武器正朝着小型化、高精度、低当量的方向发展。

本篇描述的军事武器,是从物理学原理应用的角度考虑的。武器本身是中性的,无善恶之分,关键看掌握在谁手中,应用于什么场合。历史告诉我们,任何一种新技术的应用,一种新武器的出现,一开始的确具有强大的威力。但随着时间的推移和技术的发展,总是被更新式、更优异的武器所取代。世界正是在这样一种矛盾对立中曲折向前发展着。

练习

1. 航空母舰上的飞机起飞时,航母以一定的速度航行以保证飞机能安全起飞。某航母上的战斗机,起飞时的最大加速度是$5.0m/s^2$,飞机速度达50m/s才能起飞,该航母甲板长160m,为了使飞机能安全起飞,航母以多大的速度向什么方向航行?

答:航空母舰应与飞机起飞方向相同至少以10m/s的速度航行。

2. 美军在伊拉克进行的军事行动中动用了空降兵,美机在200m高处超低空水平飞行,美兵离开飞机后先自由下落,运动一段时间后立即打开降落伞,展伞后美兵以$14m/s^2$的平均加速度匀减速下降,为了安全要求美兵落地的速度不能超过4m/s,伊拉克地面探照灯每隔10s扫描一次,问美兵能否利用探照灯的照射间隔安全着陆。(g取$10m/s^2$)

答案:可以。

3. 雷达是现代战争重要的军事装备。如图所示,若雷达向飞机发出的微波从发射到反射回来的时间为52μs($1μs=10^{-6}s$),微波的传播速度等于光速,则其传播速度大小为＿＿＿＿＿＿m/s,此时飞机与雷达的距离为＿＿＿＿＿＿m。

答案:$3×10^8$;7800

4. 我国未来的航母将采用自行研制的电磁弹射器。电磁弹射系统包括

电源、强迫储能装置、导轨和脉冲发生器等等。其工作原理如图所示,利用与飞机前轮连接的通电导体在两平行金属导轨的强电流产生的磁场中受安培力作用下加速获得动能。设飞机质量为$m=1.8\times10^4$kg,起飞速度为$v=70$m/s,起飞过程所受平均阻力恒为机重的$k=0.2$倍,在没有电磁弹射器的情况下,飞机从静止开始起飞距离为$L=210$m;在电磁弹射器与飞机发动机(牵引力不变)同时工作的情况下,起飞距离减为$\frac{1}{3}$。强迫储能装置提供瞬发能量,方案是利用电容器(电容量C极大)储存电能:$W_电=\frac{1}{2}CU^2$,如图是电容器的带电量q与极板间电压U的关系曲线,假设电容器释放全部电能等于安培力做的功,取$g=10$m/s²,求:

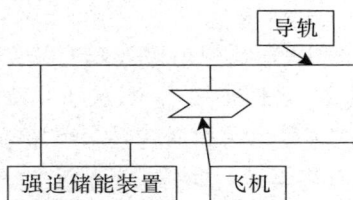

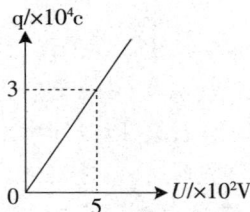

(1)飞机所受牵引力F的大小?

(2)试计算电磁弹射器安培力对飞机所做的功W为多少焦?

(3)电源对电容器充电电压U约为多少伏?

答案:(1)F=2.46×10^5(N) (2)W=$\frac{1}{3}mv^2$=29.4×10^6J (3)U≈1000V

5. 歼-15舰载机成功着陆"辽宁号"航母,设歼-15飞机总质量m=2.0×10^4kg,g=10m/s²。若歼-15飞机以V_0=50m/s的水平速度着陆,甲板所受其他水平阻力(包括空气和摩擦阻力)恒为105N,求:

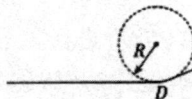

(1)飞机着舰后,若仅受水平阻力作用,航母甲板至少多长才能保证飞机不滑到海里?

(2)在阻拦索的作用下,飞机匀减速滑行50m停下,求阻拦索的作用力大小和飞机对飞行员的作用力是飞行员自重的多少倍?

(3)"辽宁号"航母飞行甲板水平,但前端上翘,水平部分与上翘部分平滑连接,连接处D点可看作圆弧上的一点,圆弧半径为R=100m,飞机起飞时速度大容易升空,但也并非越大越好。已知飞机起落架能承受的最大作用力为飞机自重的11倍,求飞机安全起飞经过圆弧处D点的最大速度?

答案:250m $\qquad \frac{\sqrt{29}}{2}$倍 $\qquad$ 100m/s

第六节　物理与医学

一、超声波检查

通过对波动知识的学习,我们知道,波长越长的电磁波越容易绕过障碍物发生衍射现象,由于超声波的频率较高,波长较短,相对较少出现绕过障碍物的衍射现象,所以回声十分清晰。自然界中的蝙蝠就是利用超声波的这一特性"看"东西的,蝙蝠先会发出一连串超声的尖叫声,声波遇到障碍物便会反射,蝙蝠分析回声的方向和回传时间,便可以知道环境的精确图像。人们根据蝙蝠"看"事物的原理,发明了声呐探测器,用来测量水深。

由于超声波能向一定方向传播,而且可以穿透物体,如果碰到障碍,就会产生回声,不相同的障碍物就会产生不相同的回声,人们通过仪器将这种回声收集并显示在屏幕上,可以用来了解物体的内部结构。利用这种原理,人们将超声波用于诊断和治疗人体疾病,目前医学上最常用的是B超。

B超的原理是将回声信号以光点的形式显示出二维图像来,回声的大小以光点的明暗度来表示,根据光点的灰度不同,组成层次分明的二维结构图像。超声波扫描不涉及有害的辐射,远比 X-射线等检验工具安全,所以常用于产前检查,医生会将一个发出高频超声波(频率为1~5兆赫)的手提换能器,贴着母亲的肚皮进行扫描。声波到达各种身体组织的边界时会有不同程度的反射(例如液体及软组织的边界、软组织及骨的边界),接收器收到反射波,便可计算出反射的强度及反射面的距离,以分辨不同的身体组织,并得到胎儿的影像。接收器使用了压敏电阻的原理,把超声波所产生的压力转变成电子讯号,再输送到仪器分析。超声波扫描可以帮助医生量度胎儿的大小以确定产期,检查胎儿的性别、生长速度、头的位置是否正常向下、胎盘的位置是否正常、羊水是否足够,以及监察抽羊水的过程,以保障胎儿的安全等,同样通过B超可获得人体内脏器官的各切面比较清晰的图像。

超声波扫描术的延伸——多普勒超声波扫描术，更扩大了超声波在医学上的用途。多普勒超声波扫描术利用了波动的多普勒效应。运动的物体反射的超声波，会改变回声的频率，当物体正向着接收器移动时，频率便会升高，相反当物体正在远去时，频率便会降低。从回声的频率改变，仪器便可计算到物体的运动速度，所以多普勒超声波扫描主要用于检查血液在心脏及主要动脉中的流动速度。血液的流动情况会以一个颜色的影像显示出来，不同的颜色代表不同的流速 。这有助于医生及早发现胎儿先天性心脏病。

随着B超和多普勒技术的发展，人们又研制出了彩超，彩超全称彩色多普勒超声。彩超简单地说就是高清晰度的黑白B超再加上彩色多普勒，彩色多普勒超声一般是用相关技术进行多普勒信号处理，把获得的血流信号经彩色编码后实时地叠加在二维图像上，即形成彩色多普勒超声血流图像。由此可见，彩色多普勒超声(即彩超)既具有二维超声结构图像的优点，又同时提供了血流动力学的丰富信息，实际应用受到了广泛的重视和欢迎。

二、X射线检查

1895年11月8日，德国物理学家伦琴在研究阴极射线管中气体放电实验时，偶然发现了X射线，很快X射线就应用于医学成像，开创了一种内脏器官无创伤影像诊断方法。

X光与可见光基本相同，只是频率不同，也就是光子能量不同，可见光光子和X光光子都是由电子在原子中的运动产生的，当电子从高能量轨道跃迁到低能量轨道时，将能量以光子的形式释放出来。

当X光机发出的X光子照射到人体表面时，会与人体内的某一个原子碰撞，如果X光子的能量符合这个原子的电子跃迁的能量差，则X光子的能量被吸收，该原子的电子发生跃迁；若X光子的能量不等于能量差，则不能被吸收，会穿透人体，在背后的底片上成像。

人体各种组织、器官密度不同，厚度也异，经X线照射，其吸收及透过X线量也不一样。因此，在透视荧光屏上有亮暗之分，在照片上有黑白之别。按照人体组织密度的高低，依次分为骨骼、软组织(包括皮肤、肌肉、内脏、软骨)、液体(血液及体液，密度和软组织相似，X线不能区别)，脂肪和存在人体内的气体。各个不同密度的组织相邻排列，吸收及透过X线量不同，才产生透视或照片上影像。在人体内，胸部和骨骼的自然密度对比最好，透视和普通照片上应用最多。凡是密度最大的部分(例如骨骼)吸收X线最多，通过X线量很少,故在照片上显出白色影像;反之,密度较小的部分(例如空气或软组织)在照片上出现黑色影像。此外,还应注意厚度,如心脏的投影,形成明显的白色。

由于X光撞击了原子,使得原子核外的电子从一种状态变为另一种状态,所以是一种电离辐射,游离的电子可以导致人体细胞内发生化学反应,还可以使DNA发生突变等,过量的X光照射会对人体产生伤害。

X光检查项目主要有X光透视和X光拍片,X光的能量一般为几十到几千电子伏,胸部透视一次越受到的照射剂量,大约相当于国家规定的公众年限制额的五十分之一,拍片时间极短(小于零点几秒),而透视时间较长,且与医生的技术水平密切相关,有的可能长达数分钟,因为受照时间长,受照剂量就大,病人在拍片时受到的辐射剂量比透视要低得多,所以医生多采用拍片的方式取代透视的方法,以减少病人受照剂量。但从受照剂量总体来看,X线透视和拍片都是安全的,不会对人体健康造成伤害。

三、CT检查

1971年,英国科学家汉斯菲尔德成功地设计出一种新型的诊病机,定名为X线电子计算机体层摄影机。这种机器由X光断层扫描装置、微型电子计算机和电视显示装置组成,可以对人体各部位进行检查,发现病灶。他和一位神经放射诊断学家一起第一次为人体进行检查的对象是个怀疑患了脑瘤的妇女,结果在荧光屏上不仅现出了脑瘤的位置,甚至连形状和大小都清晰地显示出来,这一成功宣告了一个新技术的诞生,这就是现在被广泛使用的CT检查。

CT机投入到临床以后,以它高分辨率、高灵敏度、多层次等优越性,发挥了有别于传统X线检查的巨大作用。

CT也是利用X光的来实现的,由于X光是一种光影投影,所以它只能显示一个方向上的物体结构,如果物体内部发生不同物质的重叠,这就无法显示了。CT是多个方向的X光照射,通常CT扫描仪是围绕人体的身体旋转扫描,这样能得到多个角度的投影,计算机收集这些信息,并将这些信息合成横截面图像。由于人体内不同的组织或器官拥有不同的密度与厚度,故其对X射线产生不同程度的衰减作用,通常,探测器所接受到的射线信号的强弱,取决于该部位的人体截面内组织的密度。密度高的组织,例如骨骼吸收X线较多,探测器接收到的信号较弱;密度较低的组织,例如脂肪、空腔脏器等吸收X线较少,探测器获得的信号较强。这种不同组织对X线吸收值不同的性质可用组织的吸收系数μ来表示,所以探测器所接收到的信号强弱所反映的是人体组织不同的μ值。而CT正是利用X线穿透人体后的衰减特性作为其诊断疾病的依据。看起来两者都是利用了人体不同部位对X光的吸收结果,但是X光片图像是X射线穿过人体后直接在成像板上成像,CT图像是通过对吸收系数的分析后进行的重建图像。

CT从发明到现在已经经历了40多年的发展史。这四十年CT技术大量地应用到临床的同时,CT机自身的各项功能也显著增强。现在出现了更为先进的螺旋CT,今后的CT会向更加小型化、高科技化、多功能化、以人为本化方向发展。有理由相信,将来CT检查技术会为人类的健康事业做出更大的贡献。

四、核磁共振检查MRI

核磁共振成像的"核"指的是氢原子核,因为人体约70%是由水组成的,MRI即依赖水中氢原子。当把物体放置在磁场中,用适当的电磁波照射它时,氢核能态发生变化,吸收与原子核进动频率相同的射频脉冲,原子核就发生共振吸收,射频过后,氢核返回初始能态,共振产生的电磁波便发射出来。然后分析它释放的电磁波,由于不同的组织会产生不同的电磁波讯号,经电脑处理,就可以得知构成这一物体的原子核的位置和种类,据此可以绘制成物体内部的精确立体图像。人体不同组织之间,正常组织与该组织中的病变组织之间氢核密度,弛豫时间T_1、T_2三个参数的差异,是MRI用于临床诊断最主要的物理基础。

CT由于X线球管和探测器是环绕人体某一部位旋转,所以只能做人体横断面的扫描成像,而MRI可做横断、矢状、冠状和任意切面的成像。

但由于成像原理不同,MRI无放射线,也就没有CT和X线检查均存在的电离辐射对人体组织细胞的损害,同时现代MRI扫描技术使我们不仅能任意选择平面和方向,而且可以通过选择不同的扫描序列和参数获得大量反映体内正常组织和各种病变的信息,从而在病变的准确定位,病变性质的判断上远优于包括CT在内的各种检查技术。对于过去缺乏有效检查手段的组织器官,如脊柱的椎体骨质破坏,椎间盘的损伤,退行性病变及椎间盘突出等,通过磁共振成像便能很容易地作出早期诊断,尤其是早期肿瘤的诊断。

这几种检查方式各有优劣:CT对于检查软组织效果较好,X线对于检查骨组织很好,两者都属于放射线类;B超,用于检查脏器组织;MRI适合用于身体软组织及不适宜用X光检查的部位。

![练习]

1. 医生做某些特殊手术时，利用电磁血流计来监测通过动脉的血流速度。电磁血流计由一对电极 a 和 b 以及磁极 N 和 S 构成，磁极间的磁场是均匀的。使用时，两电极 a、b 均与血管壁接触，两触点的连线、磁场方向和血流速度方向两两垂直，如图所示。由于血液中的正负离子随血流一起在磁场中运动，电极 a、b 之间会有微小电势差。在达到平衡时，血管内部的电场可看作是匀强电场，血液中的离子所受的电场力和磁场力的合力为零。在某次监测中，两触点的距离为 3.0mm，血管壁的厚度可忽略，两触点间的电势差为 160V，磁感应强度的大小为 0.040T。则血流速度的近似值和电极 a、b 的正负为 （　　）

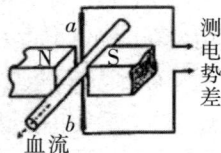

 A. 1.3m/s，a 正、b 负   B. 2.7m/s，a 正、b 负

 C. 1.3m/s，a 负、b 正   D. 2.7m/s，a 负、b 正

 答案：A

2. (上海高考题) 人的心脏每跳一次大约输送 $8×10^{-4}$m 的血液，正常人血压(可看做心脏压送血液的压强)的平均值为 $15×10^4$Pa，心跳约每分钟 70 次，据此估测心脏工作的平均功率为 _____ w

 答案：1.4

3. (2011·浙江) "B超"可用于探测人体内脏的病变状况。下图是超声波从肝脏表面入射，经折射与反射，最后从肝脏表面射出的示意图。超声波在进入肝脏发生折射时遵循的规律与光的折射规律类似，可表述为 $\dfrac{\sin\theta_1 v_1}{\sin\theta_2 v_2}$ (式中 θ_1 是入射角，θ_2 是折射角，v_1、v_2 为别是超声波在肝外和肝内的传播速度)，超声波在肿瘤表面发生反射时遵循的规律与光的反射规律相同，已知 $v_2=0.9v_1$，入射点与出射点之间的距离是 d，入射角为 ，肿瘤的反射面恰好与肝脏表面平行，则肿瘤离肝脏表面的深度 h 为 （　　）

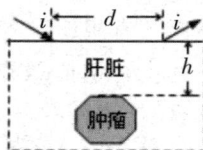

 A. $\dfrac{9d\sin i}{2\sqrt{100-81\sin^2 i}}$ B. $\dfrac{d\sqrt{81-100\sin^2 i}}{100\sin i}$

 C. $\dfrac{d\sqrt{81-100\sin^2 i}}{20\sin i}$ D. $\dfrac{d\sqrt{100-80\sin^2 i}}{18\sin i}$

走进物理

答案：$h=\dfrac{d\sqrt{100-80\sin^2 i}}{18\sin i}$

4. 人们到医院检查身体时，其中有一项就是做胸透，我们可以把做胸透的原理等效如下：如图所示，P是一个放射源，从开口处在纸面内向各个方向放出某种粒子（不计重力），而这些粒子最终必须全部垂直射到底片MN这一有效区域，并要求底片MN上每一地方都有粒子到达。假若放射源所放出的是质量为m、电量为q的带正电的粒子，且所有的粒子速率都是v，M与放射源的出口在同一水平面，底片MN竖直放置，底片MN长为L。

为了实现上述目的，我们必须在P的出口处放置一有界匀强磁场。求：

(1)匀强磁场的方向。

(2)画出所需最小有界匀强磁场的区域，并用阴影表示。

(3)匀强磁场的磁感应强度B的大小以及最小有界匀强磁场的面积S。

答案：(1)匀强磁场的方向为垂直纸面向外。

(2)

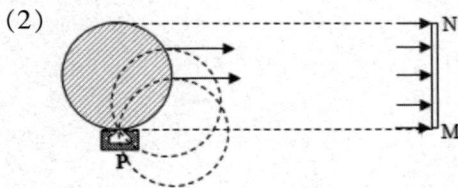

(3)$S=\pi L^2/4$